01—

▶ペギー・グッゲンハイム美術館

【事件 04】

Italy, Veneto, Mediterranean area, Venetian Lagoon, Adriatic Coast, Venezia district, Venice, Venezia, Grand Canal, Peggy Guggenheim collection, Salomon R Guggenheim foundation, Photo: Guido Baviera/SIME

（写真：SIME／アフロ）

02—

▶ ニューヨーク
「ファイブポインツ」
（2013 年 6 月 15 日撮影）

【事件 16】

USA - NEW YORK - CULTURE - 5 POINTZ - 6 MONTHS BEFORE ITS DESTRU

（提供：Hans Lucas via AFP）

03—
**▶ベニン・ブロンズ
　ベニン王国の戦士の彫刻**
【事件 06】

C8NXP8 Benin bronze seen at the British Museum in London, UK.
（写真：Alamy ／アフロ）

04—
▶ゴッホ「庭師」
【事件 13】

The Gardener, by Vincent Van Gogh, 1889, 19th Century, cm 61 x 50
Italy, Lazio, Rome, National Gallery of Modern Art. All. Male figure jacket colored shirt broad brimmed hat face beard strong eyebrows.
（提供：アフロ）

美術館・博物館の事件簿

島田真琴
Makoto Shimada

慶應義塾大学出版会

はしがきにかえて

本書は、日本と世界の美術館・博物館がその活動や収蔵品、借入品等に関連して巻き込まれた様々な裁判や事件を紹介している。読者は、これらの事件から、外見は取り澄ましてみえるこれらの施設の舞台裏では何が起きているのか、どんな問題を抱えどうやって対処しているのかを垣間見ることができる。ここではその前に、「美術館・博物館」とは何かについて説明しておこう。

■美術館・博物館とは?

美術館・博物館は、「美術品や歴史、科学技術、自然などに関する資料を収集し、保管し、研究し、展示するための機関である」とされている。ただし、最近の美術館・博物館は、この「資料の収集・保管・研究・展示」という4つの機能以外にもいろいろな役割が求められている。世界各地の美術館・博物館関係者による組織であるICOM(国際博物館会議)は、最新の「博物館(美術館を含む)」の定義(2022年改訂)に、右の4つのほか、「誰もが利用できる包摂的で多様性と持続可能性を育む施設であること」、「倫理的に専門性をもって地域社会の活動に参加し、教育、愉しみ、考察と知識を社会と共有すること」などを加えた。社会の変化により生じたこうした新たな要請にどう対応するのかは、今日の美術館・博物館にとって大きな課題となっている。

■美術館と博物館の違いは？

日本では、美術館と博物館は別物とされているが、英語ではどちらも「ミュージアム」で、実は両者の間に違いはない。強いて区別すれば、美術品を多く収蔵・展示しているのが美術館、それ以外の歴史資料、自然資料等を収蔵・展示する施設が博物館ということになるが、東京、京都、奈良の国立博物館は美術品・工芸品を中心に扱っているし、古文書や化石などを集めている美術館もある。個々の館がどのような方針で何を収集・展示するかは、館名に「美術館」、「博物館」のどちらが入っているかには拘束されないのである。日本の美術館・博物館に関する法律である博物館法も、「博物館」の語に美術館を含めて定義し、これらを同じものとして扱っている。

したがって、本書が扱っている裁判や事件は、美術館、博物館のどちらにも起こりうる問題を対象にしている。

■日本の美術館・博物館と博物館法における「博物館」

博物館法における「博物館」は、美術資料、歴史資料、自然資料等の収集・保管・展示・研究・教育をする機関のうち、その所在する地域の教育委員会に「博物館」として登録されたものと定義されている。登録を受けるには、資料の収集・保管・展示・調査研究を行うための体制、人員、施設等が、法令と教育委員会が定める基準を満たしている必要がある。

さて、日本には、国が特別な法律により設立した国立美術館・博物館、県や市町村が設立した公立美術館・博物館のほか、民間の一般社団・財団法人、宗教法人、企業、個人、大学などが設立した私立美術館・博物館が多数あり、これらを合計すると全国に5千700館を超える美術館・博物館がある。*ただし、このうち、博物館法上の登録を受けた美術館・博物館（登録博物館）は900館ほどで、残りの4千数百館は登録を受けていない。その理由の一つは、2022年3月までの博物館法が、登録博物館を公立美術館・博物館と営利を目的としない社団・財団法人等に限っていたためだ。博物館法が制定された1951年当時、日本の博物館等は300館ほどで、法律はこれらの機能を充実させることを主たる目的としていた。しかし、その後、企業や大学等が、博物館法とは無関係に「美術館」、「博物館」と名乗る施設を設けたため、登録されていない施設が増えてしまったのである。そこで、2022年4月、これらを法律に取り込むために博物館法が改正され、登録資格の制限は撤廃された。その結果、現在は、大学や民間企業の美術館・博物館でも登録を受けられるようになっている。

では、今後、博物館法の対象となる美術館・博物館が増えていくのだろうか。登録を受ける最大のメリットは、博物館・美術館としてのステータスが上がり、展覧会のための美術品の借入れが行いやすくなる点だ。制度上のメリットとしては、海外から美術品を借り受けて大規模な特別展を開催する場合、登録博物館であれば、借り受けた美術品の損害を政府が補償する制度の適用を受けられることがある。しかし、企業等の美術館・博物館は、創業者や会社が収集したコレクション、製品等を社会に伝えることを主眼とし、集客のための特別展の開催はあまり重視していない。他方、登録博物館になると、その活動や体制が登録の基準を満たしているかどうかを教育委員会に報告し、その監督を受けなければならない。登録博物館が公益法人になれば税務上の優遇措置を受けられるが、公益認定の基準を満たすのはかなりハードルが高い。結局、民間の美術館・博物館の多くは、これまでどおり博物館法の枠外で活動することになりそうだ。

なお、博物館法は、登録基準を満たしていなくても、美術館・博物館としてある程度の体制と実体があれば、「博物館に相当する施設」に指定して登録博物館に準じた扱いをすることにしている。この指定を受けた施設は2021年現在394館ある。

前置きはここまでにして、本書には、法律上の「博物館」だけではなく、百貨店のミュージアム、大学博物館、私設美術館など、各国のさまざまな美術館・博物館と、それらが扱う多種多様の美術品、文化財その他の資料が登場している。美術館・博物館のどんな作品に何が起きたのかという観点で、楽しみながら本書を読んでいただきたい。

2024年12月

島田真琴

目次

はしがきにかえて　i

I　美術館・博物館の舞台裏

事件01　展覧会のため貸出し中に損壊した現代美術家フランク・ステラの作品……3

事件02　展覧会のために借り受けた名画の返却を禁じられた美術館……16

事件03　スペインの著作権争いに巻き込まれた日本の3つの「ダリ展」……27

事件04　20世紀アートの殿堂ペギー・グッゲンハイム・コレクションをめぐるグッゲンハイム一族間の争い……43

II　美術館・博物館が直面する倫理的要請とのジレンマ

事件05　ユダヤ人銀行家が所蔵していた5枚のピカソ絵画の行方……57

事件06　大英博物館の収蔵品はホロコースト被害者の遺族に返却できるのか？……74

事件07　ロンドン自然史博物館が収蔵していたタスマニア先住民17人の遺骨……87

事件08　琉球王家の墓から持ち去られた遺骨を保管する(?)京都大学総合博物館……99

III　美術館・博物館の現代的課題

事件09　博物館が処分を決めたアメリカの人気画家ノーマン・ロックウェルの傑作……115

事件10　美術館がアーティストから購入した作品を公開しないのは表現の自由の侵害か……128

事件11　再び開催が中止になりかけた表現の不自由展……140
事件12　ジェフ・クーンズの回顧展を開催した美術館は著作権を侵害した？……152

Ⅳ　文化財の購入、変更、処分の規制

事件13　イタリアで重要文化財に指定されたヴァン・ゴッホ作品「庭師」の買主は？……171
事件14　奈良の新薬師寺が所蔵する重要文化財、准胝観音立像の売却……182
事件15　ニューヨークを代表する歴史的建造物グランドセントラル駅は改築できない？……192
事件16　一夜のうちに消え去ったニューヨークのストリートアートの聖地……202

コラム一覧

コラム1　公開が禁じられているホイッスラー作品「エデン夫人の肖像」　53
コラム2　廃止されかかった横須賀美術館の「谷内六郎館」　54
コラム3　美術館はホロコースト被害者の遺族に美術品を返すべきか？　73
コラム4　高知県立美術館は贋作の購入を防げたのか？　86
コラム5　収蔵品を元の持ち主に返却した博物館のその後　98
コラム6　スミソニアン国立自然史博物館の決断　111
コラム7　デトロイト美術館の奇跡はなぜ起きたのか？　127
コラム8　ブラック・ライブズ・マター作品の展示と表現の自由　139
コラム9　「モナ・リザ」スプレー事件と美術館・博物館の社会包摂　151
コラム10　デジタルアートの展覧会　166
コラム11　AIアートと美術館　167
コラム12　大英博物館の杜撰なコレクション管理とデジタル・アーカイブ　168
コラム13　寺院の宝物と博物館　191
コラム14　甲賀の古刹から消えた重要文化財の行方　201
コラム15　どうにか生き延びてきた(?)国の特別史跡「平城宮跡」　212

注　215
参考文献　221／美術関連の参考資料　218
本書に関連する作品の画像が掲載・引用されている美術館・博物館のウェブサイト　223

I

美術館・博物館の舞台裏

我々が美術館や博物館に足を運ぶのは、ほとんどの場合、展覧会で美術品、文化財等を観ようと思ったときだ。したがって、展覧会の開催は、美術館・博物館にとって最も重要な活動といってよいだろう。美術館が行う展覧会には、収蔵品を適宜に入れ替えながら展示する常設展（収蔵品展ともいう）と、特別な企画を立て、企画に沿った作品を他の美術館・博物館や画廊、コレクター等から借り受けて期間限定で展示する特別展（または企画展）の2種類がある。

特別展は、その地域の人々に普段は目にできない作品を観覧する機会を与えるとともに、美術に関する新たなテーマを研究・発表・教育するために開催される。この際は、日常的には扱わない美術品を他所から借り入れるので、その管理、展示等に関して、予期できない事態や紛争に巻き込まれることが少なくない。

これに対し、収蔵品を展示する常設展では、作品の展示や管理において借入品の場合ほどの制約は受けない。しかし、個人や企業から寄贈を受けた作品の場合は、寄贈者の意向や寄贈の際に付けた条件に従うことが求められるので、作品の取扱いに関して寄贈者との間で争いになることがある。

【事件01】は、日本の美術館が借入美術品の貸主から管理責任を追及された事件、【事件02】は、展覧会のために借り入れた絵画が第三者から差し押さえられたドイツの事件、続く【事件03】では、美術館が特別展で展示した借入美術品に関して著作権侵害で訴えられた日本の事件を紹介する。最後の【事件04】は、美術館が寄贈を受けた美術品について、寄贈者の意向に沿わない取扱いをしたとして責任を追及されたフランスの事件である。

事件 01

展覧会のため貸出し中に損壊した現代美術家フランク・ステラの作品

アキラ イケダ ギャラリー対名古屋市・岩手県（損害賠償請求）事件［日本］

■事件の経緯

名古屋市美術館が企画した「フランク・ステラ展」

愛知県名古屋市が運営する名古屋市美術館は、20世紀を代表する米国の抽象美術家フランク・ステラ（1936年～2024年）の回顧展を2003年4月から6月までを会期として開催することにした。ステラの初期のミニマルな絵画から最近の立体的な作品までを年を追って紹介する企画である。展示品のほとんどは、ステラ作品を所蔵するDIC川村記念美術館などの美術館や画廊から借り入れて行う。なお、名古屋市美術館の誘いにより、名古屋での展覧会終了後に、岩手県立美術館も同じ内容の展覧会を巡回展として開催することにした。

アキラ イケダ ギャラリーからの作品の借入れ

名古屋市美術館と岩手県立美術館は、展覧会の展示品の一つとして、ステラが1998年に制作した「セント・ルースにて（シュトレムリ氏）」という作品を、神奈川県横須賀市の現代美術商、アキラ イケダ ギャラリー（以下、イケダギャラリー）から借り入れることにした。アルミニウムを複雑な形に鋳造した16個のパーツに彩色を施したうえで、板状のキャンバスにねじで留めた壁掛け式の金属レリーフ作品で、組み立てて壁に掛けたときの大きさは縦3・2メートル、横2・5メートル、奥行き1・7メートルほどになる。イケダギャラリーは、この作品をステラから代金8400万円で直接購入していた。

2003年3月、2つの美術館からの借入れの要請を受け、イケダギャラリーは、作品の貸出に関する条件を記した「貸出に関する要望事項・同意書」という書面（取扱同意書）を示して、これに署名することを条件として作品を無償で貸与すると申し入れた。この取扱合意書には、①各美術館は作品の展示および撤去時には、修復家による詳細なコンディションレポートを作成すること、②「ドア・トゥー・ドア」（イケダギャラリーにおいて作品を引き渡してから同じ所に返還するまでという意味）の過程において生ずる一切の事柄は美術館が保証することなどが定められていた。①の「コンディションレポート」とは、作品のどの部分にどのような傷があるかを、図面などを示しながら特定した報告書のことで、美術館や画商の間では、美術品を集荷したり箱詰めしたりする際に作品の点検をしてこのレポートを作成することが慣行となっている。名古屋市美術館と岩手県立美術館は、取扱合意書に記載された条件を受け入れることにし、それぞれの館長が署名してイケダギャラリーに差し入れた。

作品は梱包されたまま倉庫で引渡しを受ける

２００３年４月、名古屋市美術館の学芸員は、「セント・ルースにて（シュトレムリ氏）」の引渡しを受けるため、運搬作業を依頼したヤマト運輸の作業員らと共に、三重県鈴鹿市にあるイケダギャラリーの倉庫を訪れた。このとき、作品は、梱包されて木箱に入れられた状態で倉庫内にあった。実は、「セント・ルースにて（シュトレムリ氏）」は、１年以上前からこの状態で保管されていた。イケダギャラリーは、２００１年３月からの３か月間はイエナ大学美術館、続く３か月はヒルデスハイム市の美術館の展覧会にこの作品を貸し出し、その後、その年の12月から翌２００２年３月にかけてベルリンにあるイケダギャラリーの画廊で展示していた。ベルリンで梱包して日本に送り戻した後、この作品は、一度も開梱されることなく鈴鹿倉庫に収まっていたのである。

さて、通常、美術館が美術品を借り受ける際は、引渡しの場所で、貸主借主双方の担当者と中立的な修復家が作品の状態を点検し、コンディションレポートを作成することになっている。しかし、このとき、名古屋市美術館の学芸員は、木箱に入った状態の作品を見て、「梱包を解かずにこのまま借り受けることにしたい」と申し入れた。この作品の各パーツは表面の塗装が剝げやすく、開梱して木箱から取り出す回数が増えればそれだけ損傷の危険が増すからである。イケダギャラリーもこれに同意したので、ヤマト運輸の作業員は、木箱に入れられている「セント・ルースにて（シュトレムリ氏）」をそのままの状態で受け取り、名古屋市美術館まで搬送した。

名古屋市美術館で開梱されたときにはすでに折れ曲がっていた

2003年4月22日、「セント・ルースにて（シュトレムリ氏）」は名古屋市美術館に搬入された。そして、両美術館の学芸員らの立会いのもと、ヤマト運輸の作業員によって開梱作業が行われたところ、この作品に取り付けるパーツの一つの棒状の軸が根元から折れ曲がった状態になっていて、折れた部分は、発砲スチロールのクッション（緩衝材）と黄色い粘着テープで補強されていることがわかった。その粘着テープにはドイツの運送会社の社名が入っていたので、どうやら、1年前にベルリンの画廊で展示された後、日本への搬送を担当したドイツの運送会社が貼りつけたテープのようだった。それ以外にも、作品の各パーツに多数の細かな傷や塗料の剝落などがみられたので、名古屋市美術館の学芸員は、そのような作品の状態を直ちにイケダギャラリーに報告した。しかし、イケダギャラリーからは誰も確認には来ず、展示の中止などの指示もなかったので、作業員たちはそのままの状態の作品を組み立てて展示室の壁に設置した。このときに作成されたコンディションレポートは、折れ曲がっているパーツの写真を添えて、中心部の軸が折れていること（「A Broken center pole」）と、多数のひっかき傷や塗料の浮き上がりがあることが記録された。

「フランク・ステラ展」は翌々日の4月25日に開会し6月15日に無事に終了、その後、作品はヤマト運輸によって梱包のうえ木箱に戻されて次の展覧会場である岩手県立美術館に搬送された。

6月24日、岩手県立美術館の担当者が搬送された作品を点検した際、いくつかの金属パーツの塗装が木箱の中に剝落していたが、折れたパーツの部分には特に変化がなかったので、このときのコンディションレポートに「絵の具の剥落発見」とだけ記載された。

作品は、岩手県立美術館の展覧会が8月18日に終了するまで同じ状態で展示された。

展覧会終了日の翌日に遂に作品が損壊？

岩手県立美術館での「フランク・ステラ展」終了日の翌日、担当の学芸員が作品の最終確認のために展示室に入ったところ、折れ曲がっていたパーツの中心部の軸が倒れ、本体から完全に分離していることを発見した。岩手県立美術館は、イケダギャラリーに連絡して折れた部分を接着して修復することを申し入れた。しかし、イケダギャラリーは、溶接による修復を求め、双方の意見が対立したため、結局、作品は損傷したままの状態でイケダギャラリーの鈴鹿倉庫に返却された。

その後、イケダギャラリーは、折れたパーツを溶接の方法で修復し、さらにパーツの傷や塗料の剥離・剥落をすべて修復した。そして、展覧会を開催した2つの美術館をそれぞれ運営する名古屋市と岩手県に対し、修復費用587万余円と作品の価値低下分2520万円（作品の取得価格の3割相当の金額）の賠償を求める訴訟を名古屋地方裁判所に提起したのである。

■裁判

パーツの損傷やペンキの剝落はいつどこで生じたのか？

美術品の貸主が借主に対して、貸与期間中に物品が損傷したことによる損害の賠償を求めるためには、貸主は、作品を貸与している間に損傷が生じたこと、すなわち、貸し出す前にはなかった傷が、借主から戻ってきたときには生じていたという事実を裁判所に証明しなければならない。このため、美術館や美術商の間では、美術品の梱包、開梱の都度、作品を点検してコンディションレポートを作成することが慣行となっている。このレポートをみれば、借主から返却を受けた際に存在する傷が貸出前からあったかどうか、すなわち、貸出中に損傷したかどうかが簡単にわかるからだ。

しかし、今回に関しては、原告イケダギャラリーと被告名古屋市美術館との間では貸出時に作品の状態を点検しないことに合意し、ベルリンにおける２００２年の展覧会後に梱包した際にもコンディションレポートを作成していない。しかも、原告イケダギャラリーは、その後1年以上の間は一度も作品を確認していなかった。

原告イケダギャラリーは、「作品点検の省略を申し入れたのは被告名古屋市美術館なのだから、貸出前からあったものかどうかにかかわらず、すべての損傷について被告が責任を負うべきである」と主張した。しかし、裁判所は、「両者間でそのような合意をしたことを示す証拠はない」としてこの主張をしりぞけた。そのうえで、折れたパーツを補強する粘着テープがドイツの運送会社のものだったことなどから、「パーツの折れや塗料の剥落は、貸出前からある程度は存在していた」と認定した。

ただし、折れ曲がったパーツが本体から完全に分離したのが借り受けた後であることや名古屋市美術館から岩手県立美術館に移送する際に塗料が剥落したことについては、被告である両美術館も争っていない。そこで、こうしたパーツの分離や塗料の剥落が両美術館の不手際によって生じたものかどうかが次の問題となった。

作品の損傷は両美術館の落ち度によって生じたのか？

日本の民法の一般原則によれば、物品を保管している者が十分な注意を払って万全の努力をしたにかかわらず生じた損害については、原則として不可抗力によるものとされ、保管者は責任を負わないことになっている。「不可抗力」とは、社会通念上、通常要求される程度の注意を尽くしても損害を予防できないような事態のことで、天災地変のように人力ではどうすることもできない災害がその典型例である。

被告である名古屋市と岩手県は、この一般原則に基づいて、「これらの損傷は不可抗力によって生じたものである」と主張したところ、第一審の名古屋地方裁判所は、この言い分を認め、「被告らの責任を問うことができない」と判示した。すなわち、裁判所は、「被告である両美術館は、作品の梱包、搬送、開梱、組立て、展示などの作業に関して美術品の取扱経験が豊富なヤマト運輸に依頼し、ステラ作品を過去に扱ったことがある作業員を指定したうえ、各美術館における開梱・組立作業、解体・梱包は、ベルリン等における展覧会の際にドイツの運搬会社が行った作業よりも多くの人員と時間を費やして行うなど、十分な注意を払って万全の措置をとっていた」と認定し、「それにもかかわらず生じた、パーツの本体からの分離やペイントの剝奪は、作業の過程で作品の性質上やむを得なく生ずる不可抗力によるものである」と判断したのである。

原告イケダギャラリーは、この判決を不服とし、名古屋高等裁判所に控訴した。

美術館は「全ての事柄を保証する」と約束していた

控訴審である名古屋高等裁判所において、原告イケダギャラリーは、「第一審の名古屋地方裁判所は、作品貸出しの際に原告と被告の間で締結した取扱合意書の解釈を誤っている」と主張した。取扱合意書は、「ドア・トゥー・ドアの過程において生ずる全ての事柄は美術館が保証する」と定めている。この規定により、被告名古屋市美術館らは、借り受けた作品を完璧なコンデションで返還すること、すなわち、返還時までに生じた損傷については、不可抗力によるものかどうかにかかわらず借主らが責任をとることを約束している、というのが原告イケダギャラリーの言い分である。

名古屋高等裁判所は、この点に関するイケダギャラリーの主張を採用し、「取扱合意書の『全ての事柄』という文言の通常の意味としては、借主に落ち度があろうがなかろうが、たとえ地震等の不可抗力が原因で生じたものであろうが、ともかく結果的に作品に損傷が生じた場合は借主が責任を負う旨を表現したものと解するのが自然である」と判断した。

それでも時間の経過によって自然に生じた損傷の責任までは問えない

ただし、裁判所は、たとえそのような合意をしていても、美術品の経時劣化により生じた損傷については借主の責任ではないと述べた。「経時劣化」とは、物品が時間の経過によって自然に品質が低下していくことを意味する。たとえば、日の当たる畳部屋の畳は、大切に扱っていたとしても長い年月をかけてだんだんと日焼けして黄色くなってしまう。このような劣化はその部屋を誰が使おうが物品の性質上必然的に生ずるものであり、そのことは貸主も承知していたはずなので、借主が借りている間に生じたからといって責任を負わせるべきではないということだ。被告名古屋市美術館らが原告から貸与を受けた「セント・ルースにて（シュトレムリ氏）」は、塗料でペイントされたパーツを組み合わせた立体状の作品を壁にかけて展示するものなので、その性質上、組み立てたり解体したりする際に多少の塗料が剝げ落ちるし、壁に掛けているうちに重力によってパーツが折れたり分離したりすることがある。裁判所は、「これらは経時劣化であり、作品の貸出中に借主の下でたまたま起こったとしても、借主の責任とは解されない」と判断した。

結論

２００８年７月、名古屋高等裁判所は、以上の理由により、原告イケダギャラリーの損害賠償請求には根拠がないので認められないとの判決を下した。

■事件の評価と教訓

コンディションレポートは貸主・借主双方にとってメリットがある

美術館に貸し出した美術品等が傷をつけられた状態で戻ってきた場合、貸主が借主の責任を追及するためには、その傷が貸出前にはなかったことを証明する必要がある。借主としても、その傷が借り入れている間に生じたものではないことを示すため、最初から傷がある状態だったことの証拠を残しておいた方がよい。この目的のために最も有効な手段は、美術品の貸借の際に貸主借主の立会いの下で美術品を慎重に点検し、コンディションレポートを作成する方法である。レポートに記載された作品の状態とその後の状態を比較すれば、どの時点で傷が生じたかを容易に証明できるので、不要な紛争の予防につながる。

世界各地の美術館・博物館関係者が参加する博物館の国際組織、ＩＣＯＭ（国際博物館会議）は、1974年に文化財・美術品等の貸借のためのガイドラインを策定しているが、このガイドラインも、コンディションレポートに関し、「貸主が梱包の前にコンディションレポートを準備し、できる限り十分な書類を添えて借主に提供すること」（3・1項）、「借主は、受領した借入品の開梱後、およびその後の移送の都度、24時間以内にその状態を点検のうえ異常があるときはコンディションレポートに記入し、貸主にそのコピーを返送すること」（3・4項）などを定めている。[†2]

この事件では、イケダギャラリーと名古屋市美術館は、作品の点検とコンディションレポートを省略することに合意したため、当事者間で損傷がいつ生じたのかが争いになった。裁判所は、レポート以外の証拠から、作品には貸出前からある程度の損傷があった事実を認定している。

美術品の借主は落ち度の有無にかかわらず損傷の責任を負わされることが少なくない

日本の民法は、地震、津波などの天災のように人力の及ばない事態、すなわち不可抗力による損害についてまでは、責任を問われないことを一般原則としている。

しかし、美術館が美術品を借り受ける場合に関しては、貸主が美術館に対して、貸出中の美術品が損傷したときは、それが天災地変その他の不可抗力によるものであるかどうかにかかわらず責任を負うべき旨を要求することが多い。このため、美術品の貸借契約書に「借主は、作品の搬送または展示中にこれを破損・損失した場合は、貸主側の責任に帰するものを除き、その損害を貸主に賠償しなければならない」などとの規定が設けられる。この事件では、貸主借主間の合意書における「ドア・トゥー・ドアの過程において生ずる全ての事柄は美術館が保証する」との規定は、借主は経時劣化以外の全損傷の責任を負う趣旨と解された。美術館は、展覧会に必要な作品を借り受けるため、こうした条項を受け入れざるを得ない。

このことを踏まえ、美術館が作品を借り受ける際は、借入品の管理・保護に万全を期すとともに、地震、津波、台風を含む自然災害のリスクをカバーする損害保険などに加入しておく必要がある。ICOMが定めた貸借に関するガイドラインも「美術品等の借主は、借入期間中における損失・損傷をカバーする保険に加入するか、その保険料を支払うか、または損失補償を約束すべきこと」（4・1項）を定めている。

■ミニマリストを先導し、マキシマリストになった現代美術家

フランク・ステラは、アメリカ抽象絵画を代表する画家で、20世紀後半のアート界を席巻したミニマルアートの先駆者の一人である。彼は、大学卒業直後の22歳のとき（1958年）、黒塗りのキャンバスに白のストライプを反復しただけの絵「ブラックペインティング」を発表した。この極限まで単純化したスタイルから、彼は、同じような無機的で非個性的な作品を発表したドナルド・ジャッド、カール・アンドレらとともにミニマリストと呼ばれ、ジャクソン・ポロックらの抽象表現主義に飽き始めていた当時のアメリカの美術界から高い評価を受けた。

しかし、ステラの作品は、1960年以降、徐々に変化を遂げていく。まず、黒と白の2色だけというスタイルから離れて、ストライプ一本ずつをアルミニウム塗料で彩色した作品に変わり、次に、ストライプを描いたキャンバスを多角形やL字形、T字形などに切り落とした作品、さらに半円形などの幾何学的な形にカットした複数のキャンバスを組み合わせた作品へと移行する。そして1975年頃からは、より複雑な形状のアクリル板、アルミ板などの金属レリーフを組み合わせて立体化したオブジェをキャンバスに貼り付けて壁にかけて展示する作品を作り始める。これらはもはやミニマルアートからは

程遠く、ステラ本人も「私はミニマリストではなくマキシマリストだ」と宣言している。

こうした作品スタイルの変容に対し、かつての仲間ドナルド・ジャッドは、「彼は変節漢だ」と批判した。しかし、ステラの関心とこだわりは、作品のスタイルとは別のところにあった。彼は、22歳の頃から伝統的な絵画の概念を離れて、いろいろな方法を試しながら、生涯にわたり新しいアートを追究し続けていたのだ。

この事件で扱った「セント・ルースにて（シュトレムリ氏）」は、1998年頃、ステラがドイツの小説家ハインリッヒ・フォン・クライストの戯曲に触発されたシリーズ作品の一つで、壁掛け式の作品としては最もボリュームと重量のある最終形である。この後のステラは、3Dプリンターを用いた巨大なオブジェの制作に移行した。もはや壁には掛けられず、キャンバスを床に敷いた上に作品を載せる彫刻作品だ。

2010年代には、ニューヨークのホイットニー美術館、フロリダ州フォートローダーデールのNSU美術館などで、ミニマル絵画から巨大立体作品までの変遷を辿る大規模な回顧展が開かれている。彼は、2022年以降はNFTアートのデジタル作品まで手掛け、2024年、87歳で亡くなった。

ステラの作品は、世界中の主要な近現代美術館が収蔵している。日本では千葉県佐倉市にあるDIC川村記念美術館のコレクションが有名だ。

事件 02

展覧会のために借り受けた名画の返却を禁じられた美術館

リヒテンシュタイン公対ケルン市、ドイツ共和国事件［ドイツ］

■事件の経緯

チェコスロバキア政府に没収されたリヒテンシュタイン公の所蔵品

リヒテンシュタイン公国の君主は、1760年代頃から代々にわたり、画家ピーテル・ファン・ラール作「ローマの石灰窯のある風景」という絵画をそのコレクションの一つとして所蔵していた。ファン・ラール（1599年~1642年）は、17世紀前半にイタリアで活躍した風俗画家で、通称をバンボッチョという。彼をリーダーとする画家グループはバンボッチャーテ（バンボッチョの仲間たち）と呼ばれ、当時のローマで大人気を博していた。絵画「ローマの石灰窯のある風景」は、旧チェコスロバキア（現在のチェコ共和国）のモラヴィア地方南部にあるリヒテンシュタイン公爵家の居城、ヴァルチツェ城の中に飾られていた。

ところが、1946年、ヴァルチツェ城は、この絵を含む調度品とともに、当時のチェコスロバキア政府に没収された。第二次世界大戦終結の翌年であるこの年、チェコスロバキアは「ドイツ人、ハンガリー人、反逆罪を犯してチェコスロバキア国民の敵として行動した者の農業用財産の没収と割当てに関する布告」（以下、ドイツ人財産没収法）という法律を制定していた。戦時中に敵対したドイツに対する制裁として、ドイツ人等がチェコスロバキア国内に所有する財産を没収して国有財産にすることを定めた法律だ。チェコスロバキア政府は、リヒテンシュタイン公爵家が所有するヴァルチツェ城は、この法律に基づいて没収される「ドイツ人財産」にあたると判断したのである。

この措置に対し、当時のリヒテンシュタイン公フランツ・ヨーゼフ二世は、「自分はドイツ国民ではないので、ドイツ人財産没収法の適用は受けない」と主張し、チェコスロバキアの裁判所に異議を申し立てた。しかし、1951年、裁判所は、「中立人リヒテンシュタイン公は、ドイツ人財産没収法における『ドイツ人』ではないことを示す証拠を提出していない」との理由で、この申立てを認めなかった。こうして、「ローマの石灰窯のある風景」はヴァルチツェ城とともにチェコスロバキア政府に取り上げられてしまった。この絵は1993年にチェコ共和国が分離独立した後は、チェコの国有財産となり、モラヴィア地方のブルノ市にある国家遺産管理局が管理している。

ドイツ、ケルン市の美術館が開催した「バンボッチャーテ」展

ドイツのケルン市にあるウォルラフ＝リカルド美術館は、1861年、ケルン市の弁護士ウォルラフと、裕福な商人リカルドが市に遺贈したコレクションを基盤にして、2人の名を冠して設立された市立の美術館である。この美術館は、ルーベンス、ヴァン・ダイク、レンブラントなどバロック期の絵画が特に充実し、この時代の美術に焦点を当てたユニークな特別展をしばしば開催している。

1991年、ウォルラフ＝リカルド美術館は、バンボッチャーテの作品をまとめて紹介する特別展を開催することを決め、この展覧会で展示するため、チェコの国家遺産管理局からファン・ラール作「ローマの石灰窯のある風景」の貸与を受けた。この展覧会への出品により、この絵は第二次大戦以降初めてチェコ国外に運び出されたのである。

その頃のリヒテンシュタイン公国は、フランツ・ヨーゼフ二世を次いだハンス・アダム二世が公爵となり統治していた。リヒテンシュタイン公は、ケルン市の美術館で開催される展覧会に「ローマの石灰窯のある風景」が出品されることを知り、この機会を捉えて、絵画を取り戻すための訴訟をドイツで提起することにした。チェコの国内でもう一度裁判を起こすよりもその方が勝算は高いと判断したからだ。

1991年12月、公爵は、市立美術館の運営主体であるケルン市に対する絵画引渡請求訴訟を準備しながら、この絵がチェコに返却されることを防ぐため、ケルン市の地方裁判所に保全処分を申し立てた。この保全処分は、判決が確定するまでの間、裁判所に、ケルン市が絵画を他の者に引き渡すことを禁じてもらうための手続きである。ケルン地方裁判所は、この申立てを認めて直ちに保全処分を命じた。そ

の結果、「ローマの石灰窯のある風景」は、展覧会終了後もチェコに返却されず、裁判所の執行官に預けられた。

そうしたうえで、1992年1月、原告リヒテンシュタイン公は、ケルン市を被告として、この絵の引渡しを求める訴訟をケルン地方裁判所に提起した。

■裁判[†3]

第二次世界大戦後の連合国との間の条約が裁判を禁じている

原告リヒテンシュタイン公から絵画の引渡しを求められた被告ケルン市は、「この絵は、その貸主でかつ所有者であるチェコ共和国に返却しなければならない」と主張した。原告はこれに対し、「チェコ共和国はこの絵の所有者ではない」と反論し、その理由として、「1946年当時のチェコスロバキア政府は、ドイツ人財産没収法を適用してこの絵を没収したが、リヒテンシュタイン公国の君主はドイツ国民ではないのだから、この没収は不当であり効力を生じない」と主張した。

しかし、ケルン地方裁判所は、この原告側の言い分について一切審理することなく、「ドイツの裁判所はこの事件を取り扱うことができない」として、原告の訴えを直ちに却下してしまった。その根拠として裁判所が示したのは、第二次世界大戦後にドイツが連合国と締結した、終戦和解条約（いわゆるボン協定）である。

終戦和解条約は、第二次世界大戦に敗戦したドイツの占領を解いて独立を認めるために、アメリカ、イギリス、フランスとドイツ連邦共和国（西ドイツ）の間で1952年に締結された条約である。この条約により、ドイツは、その独立が認められる条件の一つとして、「ドイツ国内では、戦後に没収・返還その他の理由で取り上げられたドイツ人の国外財産の所有権や取戻しに関する裁判を行わないこと」を約束した。[†4] 1990年に東西ドイツが統一した際にも、新生ドイツ連邦共和国はこの約束を再確認している。[†5] 裁判所は、原告の言い分が正しいかどうか、すなわち、「旧チェコスロバキア政府による絵画の没収が、ドイツ人財産没収法の適用を誤った不当な措置だったのかどうか」という問題を審理することは、終戦和解条約における約束に反する、と判断したのである。

原告リヒテンシュタイン公は、上訴してこの判決を争ったが、ドイツの控訴裁判所も1996年に同じ見解を示し、さらに1997年、最高裁判所も上告を認めなかった。

原告はさらに、ドイツの憲法裁判所に訴訟を提起し、「裁判の拒絶は、ドイツ憲法が定める財産権の侵害である」と主張したが、1998年1月、憲法裁判所も憲法違反の主張を認めなかった。[†6]「旧チェコスロバキアに所在する財産の収用の合法性に関する問題は、ドイツ憲法には関係がない」との理由である。

こうして、ドイツでの裁判はすべてしりぞけられ、「ローマの石灰窯のある風景」は、貸出しから7年経過後の1998年に、チェコの国家遺産管理局に返却された。

欧州人権裁判所に提訴

リヒテンシュタイン公は、ドイツにおける裁判の結果に納得できなかった。ドイツは終戦和解条約により、「ドイツ人の国外財産」の所有権や取戻しに関する争いについてドイツで裁判をしないと約束している。しかし、リヒテンシュタイン公はドイツ人ではないのだから、彼の財産に関する訴訟はこの条約の対象外のはずだ。したがって、終戦和解条約を理由に公爵の請求に関する裁判を拒絶したドイツの裁判所は、間違った判断をしたことになる。公爵は、フランスのストラスブールにある欧州人権裁判所にこのことを訴えて救済を求めることにした。

「欧州人権裁判所」は、ヨーロッパの47か国が締結している欧州人権条約に基づいて、いずれかの締約国が他の締約国や国民の人権を侵害する行為をしているかどうかを判断するために設立された裁判所である。この裁判所から人権侵害ありとの判決を受けた締約国はこれに従う義務を負う。リヒテンシュタインもドイツもこの欧州人権条約の締約国だ。

1998年7月、原告リヒテンシュタイン公は、ドイツ共和国を被告として欧州人権裁判所に訴訟を提起し、「被告ドイツ共和国が、原告には適用されないはずの終戦和解条約を理由に原告の裁判を拒絶したのは、欧州人権条約が保障する裁判を受ける権利の侵害である」と主張した。

終戦和解条約を理由とするドイツでの裁判の拒絶は欧州人権条約に違反しない

欧州人権条約第6条は、「すべての者は、法律で設置された中立的で公平な裁判所による妥当な期間内に公正な公開審理を受ける権利を有する」と定めている。ただし、この権利は無制限に認められるわけではなく、これに優先する正当な目的を実現するために合理的に必要な範囲内の制約を受ける。そこで、この裁判では、第一に、リヒテンシュタイン公が求めた裁判を拒絶することには正当な目的があったのかどうか、第2に、ドイツの裁判所が裁判を拒絶することは、この目的の実現のために合理的に必要だったのかどうかという点が、主要な争点になった。

欧州人権裁判所は、第一の点について、「第二次世界大戦後にドイツ共和国が連合国との間で『戦後に没収されたドイツ人の国外財産に関する裁判をしない』と約束したのは、敗戦国であるドイツを主権国家と認めてもらうための条件だった。したがって、この約束を守ることには正当な目的がある」と判断した。そのうえで、第2点について、「この目的の重要性に鑑みれば、ドイツの裁判所が、原告リヒテンシュタイン公が求めた裁判を拒絶することにしたのは、合理性を欠く判断だったとは言い切れない」と述べた。ドイツの裁判において、「原告リヒテンシュタイン公が提起した訴訟に終戦和解条約の適用があるのかどうか」という問題は、「リヒテンシュタイン公の絵画は、『ドイツ人の国外財産』なのかどうか」、言い換えれば、「リヒテンシュタイン公はドイツ人なのか」という問題に帰着する。したがって、裁判所がこの問題を審理し判断すると、１９４６年にリヒテンシュタイン公にドイツ人財産没収法を適用してその所有する美術品を没収した、旧チェコスロバキアの措置が正しかったのかどうか、という問題も、同時に判断してしまう可能性がある。ドイツの裁判所がこのリスクを回避するために裁判をしないことにしたのは、終戦和解条約の重要性を考慮すれば、不当とまではいえないということだ。

これに加え、欧州人権裁判所は、「チェコ共和国の領土内にある絵画の引渡しは、チェコの裁判所に訴えを提起して解決を求めるのが筋道であり、その絵がたまたまドイツに貸し出された機会を捉えてドイツで起こした裁判が認められないとしても、原告の裁判を受ける権利が奪われたとまではいえない」という理由も述べた。

2001年6月、欧州人権裁判所は、以上の理由で「被告ドイツ共和国は、欧州人権条約に違反していない」との判決を下したのである。[†7]

■事件の評価とその後

国際政治問題への影響を考慮した判決だった?

欧州人権裁判所の判決により、リヒテンシュタイン公が求めた絵画引渡請求訴訟を却下したドイツの裁判所は、裁判を受ける権利を侵害していないことが確認された。しかし、ドイツ裁判所の判決が「リヒテンシュタイン公の財産の没収に関する争いは、終戦和解条約によりドイツでは裁判することができない」と判断した点は、ドイツの多くの法学者から「終戦和解条約の解釈・適用を間違えている」との批判を受けている。リヒテンシュタイン公はドイツ人ではないので、明らかに終戦和解条約の適用を受けないはずだからである。しかし、ドイツの裁判所がこの問題に踏み込むと、リヒテンシュタイン公とチェコ共和国政府の間における、第二次世界大戦の戦後処理をめぐる争いにドイツが干渉することになってしまう。敗戦国であるドイツとしては、そのような事態を避ける必要があったので、裁判所はあえて少し強引に終戦和解条約を適用したのだろう。欧州人権裁判所も、そのようなドイツの立場を斟酌し、「欧州人権条約違反とまではいえない」との判断を下したようだ。第二次世界大戦後の財産処理をめぐる国家間の争いには、今日でも未解決のデリケートな問題が少なくない。

展覧会のために借り受けた美術品の差押えを禁ずる法制度

この事件において、展覧会中に差し押えられた絵画「ローマの石灰窯なる風景」は、最終的には、終戦和解条約に助けられた形で、貸主であるチェコ共和国に返却されたが、1991年に貸し出されてから判決が確定するまでの7年の間はドイツの裁判所執行官に預けられ、展示公開できない状態が続いた。これは、裁判の当事者のみならず、社会全体にとっても大きな損失である。特に、展覧会のために外国から借り入れた美術品が差押えなどを受けて貸主に返還できなくなると、展覧会を開いた側の国と美術館が信用を失い、その後の円滑な借入れが困難になる。ドイツ共和国は、この事件が起こった後の1998年に海外から借り入れた美術品の差押えを禁止する法律を制定し、ドイツで開催する展覧会のために外国から借り入れた美術品や文化財の返還や引渡しを求める訴訟の提起やこのために行う対象物の差押えや仮差押えを禁ずることにした。この制度によって、外国の美術館やコレクターらは、展覧会のために貸し出した美術品等の確実な返還が保証されるので、安心してドイツの美術館に貸し出せるようになった。

なお、日本でも、これと同じ目的で海外から借り入れた美術品の差押えを禁止する法律「海外美術品等公開促進法」が2011年に制定されている。日本の美術館・博物館がこの法律を利用すれば、たとえば、台北の故宮博物館が収蔵する中国歴代王朝の宝物のように、所有権をめぐって国家間で争われている美術品を、展覧会に展示するために借り受けることができる。

■バロック期ローマの風俗画家たちと「ローマの石灰窯」

オランダ出身のピーテル・ファン・ラールは、17世紀前半にローマで活躍した風俗画家である。ローマ近郊に暮らす民衆の生活をリアルに描く彼の作品は、庶民だけではなくローマの名家、貴族などの間でも人気があった。ファン・ラールは、その小柄な体軀からバンボッチョ（ぬいぐるみの意味）というあだ名があり、彼の画風を真似て風俗画を描く追随者たちとともにバンボッチャーテと呼ばれた。

しかし、当時（バロック期）のイタリアにおいて、芸術作品は歴史画・宗教画とそれに続く肖像画とされ、民衆の日常生活のような卑俗とされた主題を扱うバンボッチャーテの作品は芸術の範疇に入れてもらえなかった。このため、バンボッチャーテは、その後の美術史学の対象からは排除され、国外でもあまり紹介されていない。

20世紀後半、ようやくバンボッチャーテの再評価が始まり、彼らの作品が単なる写実画ではないこともわかってきた。特に注目されたのは、この事件の絵のように「石灰窯」をテーマにした作品群である。

「石灰窯」は、建築用のレンガを精製するための施設で、ローマ近郊に数多く設置されていた。レンガ精製の資材は、古代ローマ遺跡から切り出した大理石である。人口が急増した当時のローマでレンガを造るには、それが最も手軽で安上がりだったからだ。バンボッチャーテによる石灰窯の絵には、実物よりもはるかに大きな窯がまるで古代ローマの遺跡のようなタッチで描かれている。実は、当時の美術愛好家の間では、古代ローマ遺跡と人物や風景を組み合わせた絵画が流行っていた。どうやらファン・ラールたちは、古代ローマ遺跡に似せた石灰窯とその前で怠けている庶民を、当時流行の画風に似せて描くことにより、一方では遺跡を愛しながら、他方では無自覚にこれらを破壊して新築住宅の材料にしている、ローマ市民たちを皮肉っていたようだ。これが正しい分析だとすれば、バンボッチャーテは、現代に通ずる社会風刺の視点で作品を世に送り出していたことになる。

この事件で紹介したウォルラフ゠リカルド美術館の「バンボッチャーテ展」は、こうした研究成果を紹介するために開催され、ファン・ラールの作品は、その目玉として借り出されたのである。

「ローマの石灰窯のある風景」は、今もチェコのブルノ市近郊の世界遺産の城であるヴァルチツェ城に飾られている。同じ光景を描いたファン・ラール作品は、ミュンヘンのアルテ・ピナコテークにもある。

事件 03

スペインの著作権争いに巻き込まれた日本の3つの「ダリ展」

「ガウディとダリの世界展」「シュルレアリスムの巨匠展」図録事件等［日本］

■事件の背景

ダリ作品の著作権管理を任せられた男

スペインの芸術家サルバドール・ダリ（1904年～1989年）は、1986年頃、彼が創作した作品に関する著作権の管理を、当時彼の秘書を務めていた友人、ロベール・デシャルヌに任せた。ダリの依頼を受けたデシャルヌ氏は、アムステルダムにデマート・プロ・アルトという会社（以下、デマート社）を設立してその社長に就任し、この会社を通じて、ダリ作品の画像を複製して利用したいと希望する企業や美術館に著作権の利用を許諾（ライセンス）して使用料を徴収することにした。この目的のため、デマート社は、ダリとの間で著作権管理契約を締結し、①ダリの全作品に関する著作権を、1987年から２００４年５月までの間、デマート社に移転すること、②契約期間が満了したときに著作権をダリまたはその相続人に戻すこと、③著作権の運用から生ずる使用許諾料などの収益は、ダリ本人の生活費とガラ・サルバドール・ダリ財団（ダリ財団）の活動資金に充てることなどを合意した。③の「ダリ財団」とは、ダリがスペインのフィゲイラに設立したサルバドール・ダリ劇場美術館（ダリ美術館）を運営するための財団で、ダリは作品の多くをこの財団に預けてダリ美術館で展示公開していた。

こうして、１９８７年以降、デシャルヌ氏は、ダリのために、デマート社を通じて彼の全作品の著作権利用許諾などを行い、その収益をダリ本人とダリ財団に支払っていた。

ダリの遺産はスペイン国に遺贈されてダリ財団へ

１９８９年１月にダリが死亡した。彼には遺族がいなかったので、それまで彼が所有しダリ財団に預けられていた絵画、彫刻その他の多くのダリの作品を含むダリのすべての遺産は、彼の遺言によりスペイン国に遺贈されたが、スペイン政府は、ダリが遺した作品の維持管理はダリ財団に任せることにし、これらをすべてダリ財団に寄贈した。こうして、１９９０年以降、ダリの遺品である美術品はダリ財団が所有し、それまでどおりダリ美術館において保管、展示されることになった。このことは世界各国で報道され、日本でも広く知られている。

■「ガウディとダリの世界展」図録事件（第1事件†8）

朝日新聞社と大丸が開催した展覧会

朝日新聞社と大丸は、1990年9月から11月にかけて、「スペインの幻想『ガウディとダリの世界展』」を、東京、大阪梅田、京都および福岡の大丸百貨店内の「大丸ミュージアム」（大丸ミュージアム・東京、大丸ミュージアム〈梅田〉など）を会場として開催した。シュルレアリスムの巨匠サルバドール・ダリとサグラダファミリアの建築家アントニオ・ガウディ（1852年〜1926年）という、スペインのカタロニア州出身の2人の天才芸術家を紹介する企画展で、スペイン大使館とカタロニア自治州政府の後援を受けている。展覧会には、ブロンズ製彫像「スペース・エレファント」（1980年）や油彩画「マグダラのマリア」（1960年）「ダリの太陽」（1965年）などのダリ作品がそれぞれを所蔵する個人コレクターや画廊から借り受けて展示された。

朝日新聞社は、「ガウディとダリの世界展」の展示作品を解説するための展覧会図録を作成し、大丸が各展覧会場で販売していた。図録には、「スペース・エレファント」、「マグダラのマリア」、「ダリの太陽」を含む展示作品の写真が掲載されている。

著作権を主張するデマート社からの警告を無視

この展覧会開催に先立つ1990年5月頃、朝日新聞社は、デマート社の日本における代理人弁護士から、「ダリの展覧会を開催するらしいが、展覧会図録を作るのであれば複製の許可を申請するように」との通知を受け、さらに開始後の10月3日、「展覧会図録や入場券におけるダリ作品の利用は著作権侵害となる」との警告書を受け取った。

朝日新聞社は、過去にもダリ展を開催した経験があったので、かつてはデマート社がダリから著作権管理を任されていたことを知っていた。しかし、彼の遺産は国に遺贈されたと報道されたこと、新聞社の文化事業担当職員がカタロニア自治州の首相に面談した折、「ダリの著作権はスペイン政府が管理している」と口頭で聞いたことなどから、ダリ没後はスペイン国が著作権者になったと信じていた。しかも、スペイン政府とカタロニア自治州には、展覧会の企画の概要とともに、展示作品は図録に掲載することを当初から伝えていたので、スペイン政府が展覧会の後援を引き受けた以上、著作権の利用について当然に承認しているはずだった。そのように考えた朝日新聞社は、デマート社の代理人に対しては、「展覧会はスペイン政府とカタロニア自治州政府の許可を得ているので、問い合わせや要求があればカタロニア自治州政府と直接交渉してほしい」とだけ回答し、それ以上の対応をしなかった。こうして展覧会図録は予定どおりに作成され、各展覧会場において販売されたのだった。

1991年4月、デマート社は、展覧会図録を作成した朝日新聞社およびこれを販売した大丸に対して、著作権侵害を根拠に、ダリ作品の複製および展覧会図録の販売の禁止、損害賠償などを求め、東京地方裁判所に訴訟を提起した。

スペイン政府から予想に反する回答が…

被告となった朝日新聞社と大丸は、裁判において「展覧会図録への作品掲載に関しては、カタロニア自治州政府を通して著作権者であるスペイン政府の許諾を受けているので、著作権侵害をしていない」と主張して争った。そして、その事実の証拠を提出するため、スペイン政府に、「ダリ作品の著作権はダリの死亡によりスペイン国に遺贈され、現在はスペイン国が著作権者であることを確認してもらいたい」と求めた。しかし、これに対するスペイン政府からの返事は被告朝日新聞社らの予想を裏切るものだった。１９９１年６月、スペイン政府は、「ダリは生前にデマート社に著作権を譲渡したので、現時点において著作権はデマート社に帰属している」と回答してきたのだ。カタロニア自治州政府を通じてスペイン政府の承認を得たつもりでいた朝日新聞社としては、裁判中にいきなり梯子を外されてしまったのである。

スペインで著作権をめぐる争いが勃発

ところが、東京地方裁判所における審理が続いているうちに、著作権に関するスペイン政府の見解が変転した。被告デマート社とダリ財団の間に不和が生じたことがその原因だ。ダリの死後、ダリ財団はデマート社による著作権の運用に不満を抱くようになり、スペイン政府に、「デマート社の著作権管理権を取り上げるように」と働きかけた。その結果、スペイン政府は、１９９４年７月、デマート社に対し、ダリとデマート社との間の著作権管理契約を解消すると通告し、翌１９９５年７月には、ダリ作品の著作権の管理運用に関する権限をデマート社から一方的に取り上げてダリ財団に付与するように命じたのである。デシャルヌ氏とデマート社はこれに反発し、スペインの裁判所に政府の措置の取消しを求める訴訟を提起して争った。

この争いがスペインで続く中、スペイン政府は朝日新聞社に対し、「デマート社とダリの間の契約はダリの死亡により終了し、著作権は他の遺産とともに、ダリの遺言に基づいてスペイン国に帰属している」という、以前の説明とは異なる内容を公式見解として伝えてきた。

これを受け、被告朝日新聞社らは、スペイン政府の公式見解を東京地方裁判所に提出し、「原告デマート社は著作権者ではないので、請求は認められない」との主張を再び展開した。

日本の裁判所はスペイン政府の公式見解を採用せず

しかし、東京地方裁判所は、「スペイン政府の見解は一貫性がないし、著作権の帰属をめぐる紛争の一方当事者としての言い分に過ぎないので、信用できない」と述べ、被告らの主張を認めなかった。そして、ダリとデマート社との著作権管理契約に「著作権を1987年から2004年5月までデマート社に移転する」と明記されている以上、「著作権はダリ死亡後も2004年まではデマート社に帰属している」と判断した。

デマート社の警告を無視した朝日新聞社らの行為は著作権侵害にあたる

法律上、著作権の侵害による損害賠償義務を負うのは、他人の著作物であることを知りながら、または注意を怠ったために他人の著作物であることに気づかずに、無断でコピーした場合やそのようなコピーを載せた書籍等を販売した場合に限られる。被告朝日新聞社らは、「仮にデマート社に著作権が帰属しているとしても、朝日新聞社と大丸は、図録を作成販売した当時、著作権はスペイン政府にあると信じていたし、カタロニア自治州政府とスペイン政府の承認を得たのだから注意を怠っていたわけでもない」と主張した。

しかし、裁判所はこの主張も認めなかった。朝日新聞社らは、原告デマート社の代理人から通知や警告があった後もスペイン政府に直接確認をとらずに、警告を無視して図録を作成・販売したのだから、明らかに注意を怠っていたと判断したのである。

結論

以上の理由で、1997年9月、東京地方裁判所は原告デマート社の請求を認め、被告朝日新聞社および大丸に対し、ダリ作品の複製、展覧会図録の販売を禁止し、原告に対する損害賠償を命じた。この判決は上訴されることなく確定した。

■「シュルレアリスムの巨匠展」図録事件（第2事件）と「ダリの世界展」図録事件（第3事件）

北九州市立美術館による展覧会の開催と図録の作成

第1事件の判決から1年が過ぎた後、福岡県北九州市は、その運営する北九州市立美術館において、1998年10月23日から11月29日までを会期とする「シュルレアリスムの巨匠展」を開催した。アンドレ・ブルトン、ジャン・アルプ、マン・レイ、デ・キリコ、マックス・エルンスト、ルネ・マグリット、ジョアン・ミロ等のシュルレアリストの作品を一堂に紹介する企画展で、サルバドール・ダリの作品「ガラの顔の偏執狂的変貌」（1932年）と「扉の形態によるフェイディアスのイリッソス像」（1954年）も出品展示された。これら2点の作品は、スペインにあるダリ財団から借り入れたものである。

展覧会の会場で販売する図録は、美術作品図録の企画制作会社である印象社が印刷製本したもので、ダリ財団の承諾を得たうえで、ダリの2作品の複製も掲載されている。

デマート社から著作権侵害の通告を受ける

展覧会の開始の15日前である1998年10月8日、デマート社は、日本における代理人弁護士を通じて、「ダリ作品の著作権者はデマート社であり、これを掲載した図録をデマート社の承諾なく販売すると著作権侵害行為になる」と通告してきた。しかし、北九州市は、「著作権はスペイン国に帰属し、ダリ財団がスペイン政府からその管理を任されている」とダリ財団から聞いていたので、デマート社の承諾を取ろうとはせずに展覧会図録を予定どおり販売した。

1999年3月、デマート社は、展覧会図録を制作した印象社およびこれを販売した北九州市に対し、ダリの作品2点の複製禁止、展覧会図録の販売禁止、損害賠償などを求めて、東京地方裁判所に訴訟を提起した。なお、この裁判には、ダリ財団も被告北九州市を補助する立場で参加した。

6つの美術館を巡回する「ダリの世界展」

山梨県立美術館が「ダリの世界展」を企画したのは、第2事件の裁判が始まるよりも前のことだった。ダリ財団から、ダリが十代の頃の油彩画「父の肖像」(1920年)、シュルレアリスム期の代表作「奇異なものたち」(1935年)、壮年期の「ピカソの肖像」(1947年)等、ダリ劇場美術館に収蔵されている傑作を借り入れて展示する、ダリの回顧展である。会期は1999年4月から約1か月の予定だったが、91点もの作品を借り受ける大規模な企画だったので、他県の複数の美術館に対し、同じ展覧会を巡回展として開催しないかと呼びかけたところ、香川県の丸亀市猪熊弦一郎美術館、名古屋の松坂屋美術館、大阪の近鉄アート館、東京の伊勢丹美術館および広島県立美術館も、それぞれ1か月くらいの会期で順次に同じ展覧会を開催することになった。

この展覧会の図録は、ダリ財団の意向により、財団自らが作成することになった。ダリ財団は、展示作品のすべてを掲載した図録『ダリの世界』を作成し、展覧会を開催する各美術館にこれを配布して、それぞれの展覧会場における来場者への販売を委託した。

「ダリの世界展」を開催する各美術館に対するデマート社からの通告

展覧会の初日に先立つ１９９９年3月18日、デマート社は、日本における代理人弁護士を通じて、山梨県立美術館に対し、「ダリ作品の著作権者はデマート社であり、これを掲載した図録等を作成販売するには、デマート社に許可申請をするように」と通告した。同じ年の4月から5月にかけて、この展覧会を順次に開催する他の５つの美術館にも同内容の通告を行った。しかし、各美術館は、ダリ財団から「著作権はスペイン国に属し、ダリ財団がスペイン政府からその管理を任されている」と伝えられていたので、ダリ財団の指示に従って、デマート社に対する許可申請はせずに展覧会図録を予定どおり販売した。

１９９９年12月、デマート社は、展覧会図録を作成したダリ財団およびダリ財団の委託を受けてこれを販売した山梨県立美術館他５つの美術館に対し、ダリ作品の複製禁止、展覧会図録の販売禁止、損害賠償などを求めて、東京地方裁判所に訴訟を提起した。この裁判は、第２事件を審理していた裁判官の部署に回されて、第２事件と第３事件は同じ裁判所により同時に審理されることになった。

第一審の東京地方裁判所は第1事件と同様、デマート社の著作権を認める

２０００年８月、東京地方裁判所は、第２、第３事件に関しても、第１事件の判決と同様、「ダリ作

品の著作権は2004年までの間はデマート社に譲渡されている」との見解をとった。そして、第2事件については、「被告北九州市が、原告デマート社の通告を無視して、著作権の帰属について何も調査検討をせずに図録を販売した行為は著作権侵害である」とし、第3事件についても、「デマート社に断りなく展覧会図録『ダリの世界』を作成販売した被告ダリ財団、および第1事件の判決を知りながら、ダリ財団の委託を受けてこれを販売した被告山梨県立美術館らは、それぞれデマート社の著作権を侵害している」と判断した。[†9]

第2事件および第3事件の被告らは、この判決を不服として東京高等裁判所に上訴した。

マドリード地方裁判所がデマート社の著作権管理権を否定

東京で第2事件と第3事件の裁判が続いている間、スペインでは、デマート社が、スペイン政府とダリ財団を被告としてマドリード地方裁判所に訴訟を提起し、「デマート社とダリ本人との間の著作権管理契約が現在も存続していること」の確認を求めていた。

この訴訟の判決は、2002年3月に言い渡される。結局、マドリード地方裁判所は、デマート社の言い分を認めず、その請求を棄却した。スペインの裁判所は、「デマート社(デシャルヌ氏)とダリとの間の著作権管理契約は、友人間の信頼関係を前提としているので、1989年にダリが死亡したときに効力を失い、さらにスペイン政府が1994年に契約関係の解消を通告したことにより正式に終了した」と述べ、「現在、著作権を管理する権限を有するのは、1995年にスペイン政府からその権限を付与されたダリ財団である」と判断したのである。

東京高等裁判所はマドリード地方裁判所とほぼ同じ見解をとる

東京高等裁判所における第2事件および第3事件の審理が終わったのは、2002年にスペインでデマート社敗訴の判決が下された後である。その翌年5月、東京高等裁判所は、ダリとデマート社との契約が終了したかどうかについて、マドリード地方裁判所とほぼ同じ見解をとり、「契約の性質は、ダリのデマート社に対する著作権の管理委託なので、ダリが亡くなった1989年に終了した。また、仮にそうでないとしても、ダリから著作権の遺贈を受けたスペイン政府がデマート社に対してその終了を通告した1994年に終了した」と判断した。[10] スペイン国内で結んだスペイン人ダリの著作権管理契約の終了に関して、日本の裁判所がスペインの裁判所と異なる判断をするはずがなかった。

結論

2003年5月、東京高等裁判所は、第2事件および第3事件の原告デマート社による著作権侵害による請求をしりぞけた。デマート社は最高裁判所への上告を申し立てたが、理由なしとして受理されなかった。

■事件の評価

展覧会の展示品を図録等に掲載する場合は著作権者の確認を

展覧会を開催する美術館等が展示品を展覧会図録等に掲載しようとするときは、その作品の著作権者が誰かを確認して承諾をとる必要がある。作品の著作権は、通常は、作品を制作したアーティストに帰属しているので、アーティストが存命であれば、本人に確認することができる。しかし、すでに亡くなっていて、アーティストから著作権を譲り受けたと主張する者が複数いる場合、そのどちらから承諾をとればよいのかという問題に直面する。もっとも、展覧会のために借り入れた作品に関して、その貸主が著作権を持っていると主張するとき、借主としては、それが明らかに間違っていることを示す根拠がないかぎり、貸主の説明を尊重するほかない。第1事件の朝日新聞社と大丸は、カタロニア自治州政府首相の口頭の説明を鵜呑みにしてスペイン政府に直接確認しなかった点において少し軽率だったが、第2事件の北九州市らおよび第3事件の山梨県らがダリ財団の言い分を信じてその指示に従ったのはやむを得ない選択だったといえる。ただし、そのような場合も、貸主との間で、作品の貸借に関する契約とは別途に、著作権の利用許諾に関する契約書を交わし、少なくとも、「許諾者は、作品の著作権の利用を許諾する完全な権限を有していること」を確約してもらった方がよいだろう。

■晩年のダリと没後の抗争

サルバドール・ダリは、20世紀を代表するアーティストの一人である。彼は、1929年ルイス・ブニュエルが監督した「アンダルシアの犬」という実験的な映画に共同脚本制作というかたちで参画したが、その映画がピカソ、ブルトン、ミロらに絶賛されてシュルレアリストのグループに加わった。そして、1931年にニューヨークでのグループ展に出品した「記憶の固執」（1931年）という絵画をきっかけにアメリカで人気画家となる。その後、派手で奇抜な態度や奇行が目立つようになり、シュルレアリストのグループから除名されたが、彼のプロモーター兼マネジャーをしていた愛妻ガラの売込みにより、絵画のみならず映画、舞台美術、ファッション、宝飾品等でも商業的に大成功を遂げ、多種多様の作品を作り続けた。

しかし、そんなダリも76歳になる1980年頃から体調を崩し、パーキンソン病の症状に悩まされる。1982年6月、ダリにとって永遠のミューズでありインスピレーションの源でもあった最愛の妻、ガラが亡くなると、ダリは生きる気力を失い自殺未遂を繰り返す。金銭の管理ができないため借金まみれになり、また1984年に寝室の火事（おそらく自殺未遂）で大やけどを負ってからは人に会うことを避けるようになった。

ダリの友人でありその秘書を務めていた写真家ロベール・デシャルヌ氏は、そんなダリを心配し、ダリ作品の著作権の管理を申し出た。新作を作らなくなったダリにとって、著作権の利用許諾料が主な収入源だが、当時これを管理していたSPADEMというフランスの会社は著作権をあまり有効に活用できていなかったからだ。デシャルヌ氏は、著作権による収益を増やすため、SPADEMとの管理委託契約を終了して自分に著作権の管理と活用を委ねるようにとダリを説得したのである。ダリがこれに同意した後、デシャルヌ氏は、節税目的で、アムステルダムにデマート社を設立してその代表者となり、ダリとデマート社の間で著作権の管理に関する契約を締結した。そして、デマート社を通じてダリ作品に関する著作権の利用許諾のビジネスを行い、その収益をダリ本人とダリ財団とに分配することにした。こうして、ダリ財団がダリ作品の公開と維持管理をし、その費用とダリの生活費をデシャルヌ氏（デマート社）が賄うという体制が生まれた。

しかし、ダリ没後1年が過ぎた1990年頃から、ダリ財団とデシャルヌ氏の間に不和が生じる。主な原因は、当時横行していた贋作の取締りをめぐる方針の不一致である。生前のダリは、知人から頼まれるままに白い紙や未使用のカンヴァスに署名だけして返していた。その数は3万枚を超えるともいわれている。その結果、彼の死後、ダリ本人の署名のある贋作が市中に大量に出回るようになる。デシャルヌ氏は、全世界の贋作を見つけ出して、その流通を止めるための法的手続きをとることに腐心し、これに膨大な費用をかけたため、デマート社の収益をダリ財団に回すことができなくなった。ダリ財団は、このやり方に不満を抱き、デシャルヌ氏を排除して財団が直接著作権の管理と活用を行うことを画策した。そして、スペイン政府を味方につけ、1994年、デマート社に対してダリとの間の契約の終了を通告させた。こうして、その後10年にわたるデシャルヌ氏（デマート社）とダリ財団およびスペイン政府との間の著作権をめぐる争いが始まる。１９９０年に「ガウディとダリの世界展」を開催した朝日新聞社と大丸、１９９８年に「シュルレアリスムの巨匠展」を開催した北九州市や１９９９年の「ダリの世界展」を開催した六つの美術館は、この紛争に巻き込まれてしまったわけだ。

ダリ財団とデマート社の間の紛争は、２００４年7月、ダリ財団がデマート社の全持ち分を買い取って、デマート社を子会社にしたことによって終結した。それ以降、ダリ作品の著作権や商標権の無断利用があったときは、ダリ財団とデマート社とが共同で訴訟を提起し、侵害行為の排除を行っている。

事件 04

20世紀アートの殿堂ペギー・グッゲンハイム・コレクションをめぐるグッゲンハイム一族間の争い

サンドロ・ラムニー対ソロモン・グッゲンハイム財団事件［フランス］

■事件の背景

ペギー・グッゲンハイム美術館の誕生

ユダヤ系大富豪グッゲンハイム一族出身のペギー・グッゲンハイム（1898年〜1979年）は、ロンドンとニューヨークでの画廊経営を通じて、ジャクソン・ポロックをはじめとする多くの若手アーティストを支援し、その作品を買い上げた。彼女のコレクションは、マルセル・デュシャン、マックス・エルンスト、バウル・クレー、ピカソ、ジャコメッティ、カンディンスキー、ダリ、ミロ、モンドリアン、シャガール、ブランクーシ、カルダーからポロック、ロスコ、デ・クーニングまで、20世紀美術を代表するアーティストの作品を網羅している。

1949年、ペギーは、ベニスの大運河沿いに建つ18世紀の邸宅を終の棲家にするために購入し、邸宅内と庭園を彼女のコレクションで飾りつくした。1951年以降は、邸宅内の作品の一部を希望者に公開していた。

1969年、ペギーは、彼女の伯父がニューヨークに設立したソロモン・グッゲンハイム財団に対し、コレクションのすべてを「現状のままベニスの邸宅に据え置くこと」を条件に寄贈したいと申し入れ、財団はこれを受け入れた。1976年、ペギーは、ベニスの邸宅とコレクション362点を財団に遺贈する旨の正式な証書を作成してイタリア政府に提出し、政府から譲渡の承認を受けた。こうして、ペギーが他界した1979年以降、ベニスの邸宅、庭園と美術品は、ソロモン・グッゲンハイム財団によって管理・運営され、ペギー・グッゲンハイム美術館《口絵01》として一般公開されることになった。

シュルホフ・コレクションの寄贈を受ける

美術愛好家のハンネロールとルドルフ・シュルホフ夫妻は、1954年にペギーの邸宅を訪れ、彼女に触発されて現代美術作品の収集を始めた。2人のコレクションは、ルチオ・フォンタナ、ジャン・デュビュッフェ、ジャスパー・ジョーンズ、ドナルド・ジャッド、アニッシュ・カプーア、フランク・ステラ、ウォーホルなど、1960年代以降のものが中心である。ハンネロールは、夫のルドルフ・シュルホフが亡くなった後の2012年、ソロモン・グッゲンハイム財団に対し、夫婦が収集した作品のうちの83点をペギー・グッゲンハイム美術館の収蔵品に加えてもらいたいと申し入れた。

この寄贈を受け入れたソロモン・グッゲンハイム財団は、２０１３年5月から9月にかけて、ベニスのペギー・グッゲンハイム美術館でシュルホフ・コレクションの特別展を開催した。その後、館内に展示されていたペギーのコレクションの半分くらいは保管庫に移され、代わってシュルホフ・コレクションが展示されるようになった。また、美術館の庭園には、以前から掲げられている「ペギー・グッゲンハイム・コレクション」の表示板と並べて「シュルホフ・コレクション」と記した表示板が設置された。

ペギーの孫たちの反発

ペギー・グッゲンハイムには、息子と娘がいた。娘のペギーン・ベイルはペギーより先に亡くなったが、彼女には、ニューヨークで画廊を経営するサンドロ・ラムニーら3人の息子がいる。

彼らは、ペギー・グッゲンハイム美術館を運営するソロモン・グッゲンハイム財団が、シュルホフ・コレクションを受け入れて、祖母ペギーが館内に配置した作品の一部と入れ替えて展示していることを知り、「ペギーの意向を無視し、彼女の名誉を傷つけている」として強く反発した。

２０１４年、ラムニーら3人は、ソロモン・グッゲンハイム財団に対し、ペギー・グッゲンハイム美術館における美術品の展示を元の状態に戻すことなどを求める訴訟をパリの地方裁判所に提起した。

■裁判

20年前にも起こっていたグッゲンハイム家の争い

ここで時は少し戻るが、ペギーンの息子たちとソロモン・グッゲンハイム財団との間では、実は20年前にも同じような問題の裁判事件が起きていた。

ペギーが1979年に亡くなったとき、孫のラムニーらは、遺言により相応の遺産を相続したが、ペギー・グッゲンハイム美術館に関しては何らの権利も与えられていない。しかし、ペギー邸の遺贈を受けたソロモン・グッゲンハイム財団が、居宅を美術館らしく改装したうえ、展示品の大幅な配置換えをし、特に、邸宅内に飾られていた彼らの母ペギーン・ベイルの肖像写真や作品を別の部屋に移動したため、ラムニーらは遺族として放置できなくなった。

そこで、1992年、彼らは、「ソロモン・グッゲンハイム財団は、ペギーがコレクションと邸宅を遺贈する際に要求した条件に違反している」と主張し、館内の展示品の配置を元通りに戻すことや遺贈の取消しなどを求めて、パリの地方裁判所に訴訟を提起した。

しかし、パリ地方裁判所は、「ペギーはコレクションの遺贈の際に特に条件を付けていなかった」と判断し、原告ラムニーの請求を認めなかった。ペギーは、1969年に最初に寄贈を申し入れた際には、「作品を現状のままベニスの邸宅に据え置くこと」を条件とすると述べていたが、1976年に正式に作成された遺贈に関する証書には、そのような条件は何も記載されていなかったからだ。

原告ラムニーらは、「仮に遺贈の条件ではないとしても、被告財団の行為は生前のペギーの意向に明らかに反している」と主張したが、裁判所は、「寄贈者の意向は、寄贈の条件としている場合を除き、受贈者を拘束しない」として、この言い分を相手にしなかった。

最初の裁判は和解により解決

ラムニーらはパリ地方裁判所の判決を不服として控訴裁判所に上訴したが、1994年、彼らとソロモン・グッゲンハイム財団との間で和解が成立し、訴訟は取り下げられた。和解の条件として、財団は、①今後はコレクションの展示替え、特別展の開催などについてはラムニーら遺族に情報を提供すること、②邸宅内のバスルームにペギーン・ベイルの肖像写真とその作品を無期限に展示し続けること、③館内に展示する作品を決める際は、そのコレクターであり美術史上の重要人物であるペギーの名声を守るように配慮することなどに合意し、その代わり、ラムニーら遺族は、「バスルームに展示したペギーンに関する遺品を除き、ペギー・グッゲンハイム美術館の収蔵品の管理と展示に関するすべての権限は、ソロモン・グッゲンハイム財団だけが有していること」を財団との間で確認した。

その後しばらくの間、ペギーの遺族たちとソロモン・グッゲンハイム財団の関係は比較的良好に推移した。特に、2011年頃までは、美術館内においてラムニーが企画した特別展がたびたび開催されていた。しかし、この度のシュルホフ・コレクションの受入れと展示の大幅な入替えについて、遺族たちは「ペギー・コレクションを明らかに軽視している」と判断し、再び裁判事件になったのである。

前回と同じ主張をしても裁判所に認められない

２０１４年に始まった今回の裁判において、原告ラムニーらは、「被告ソロモン・グッゲンハイム財団が、シュルホフ・コレクションの作品をペギー・コレクションと入れ替えて展示した行為は、ペギーが邸宅と作品を遺贈する際に付した条件に違反している」と主張し、これを理由に展示を元通りに戻すことなどを求めた。しかし、これは１９９２年の裁判のときと全く同じ理由を根拠とする請求だったので認められず、第一審のパリ地方裁判所は、原告らの請求を棄却するとの判断を下した。[†11]

原告らは、この判決に対して上訴したうえ、控訴裁判所では前の裁判のときとは違う主張を展開することにした。「被告ソロモン・グッゲンハイム財団は、前の裁判の際に原告らとの間で合意した和解条項に違反している」との主張である。

展示品の配置変更や入替えをしてもペギーの名声を貶めたことにはならない[†12]

１９９４年の和解条項の一つとして、被告財団は「館内の展示品を決定する際は、そのコレクターであり美術史上の重要人物であるペギーの名声を守るように配慮すること」を約束している。原告らは、「被告財団による展示品の入替えや庭園に『シュルホフ・コレクション』の表示板を設ける行為は、ペギーの尊厳を損ない、その名声を傷つけている」とし、この和解条項違反を主張した。

しかし、裁判所は、「被告財団が展示品の入替えや表示板の設置をしたからといって、ペギーの名声が傷つけられたことにはならない」として、この言い分を認めなかった。１９９４年の和解において、原告らは、「美術館の管理と展示に関する権限を有しているのは財団だけであること」を認め、展示の配置、入替えや展示期間について口を出さないことを約束している。しかも、原告であるラムニー自身も、2003年、2005年、2007年および2011年にこの美術館で特別展を企画し、ペギー・コレクション以外の作品を邸宅内に持ち込んで公開展示していたのだから、「展示の入替えや表示板の設置は、それ自体では和解条項違反に当たらないことは明らかである」というわけだ。そして、「原告らは、被告財団による展示品の入替え等が、なぜペギーの名誉を傷つけることになるのかについて、何も立証していない」と述べ、原告の請求をしりぞけた。

結論

原告ラムニーらは、控訴裁判所の判断を不服として上告したが、2018年3月、最高裁判所も同じ判断を下し、原告らの敗訴が確定した。[13]

■事件の評価

美術館は美術品寄贈者の意向をどこまで尊重する必要があるのか

美術館・博物館が個人や企業から美術品等の寄贈を受ける際に、寄贈者から作品の取扱いに関する希望を伝えられることがある。「特別な展示室を設けて展示すること」、「他の特定の作品と同じ場所に展示すること」、「展示の際は寄贈者名を表記すること」、「館外には持ち出さないこと」などがその例だ。特に、私立の美術館のほとんどは、個人や法人から寄贈を受けた美術品を管理しこれを展示公開する施設として設立されるので、創立者の意向は美術館の管理運営や展示の方針に大きな影響を与える。

しかし、法律に従って設立された美術館は、公共のために活動することを使命とし、そのために公的な助成や税務上の優遇措置を受けているので、創立者や寄贈者、寄付者の利益だけを図ることは許されない。

この事件において、美術館は収蔵品を取り扱ううえでその寄贈者の意向をどの程度尊重すべきか、という問題に関し、フランスの裁判所は、「寄贈者が寄贈の条件として明確に定めた事項を除き、寄贈者の意向は美術館を拘束しない」と述べ、さらに、「展示方法の変更が寄贈者の名誉や尊厳を傷つけることにはならない」との判断を示している。美術館は、美術品の寄贈者との間でその展示方法等に関して寄贈の条件とする旨を明示的に約束した場合を除き、収蔵品の展示の方針を原則として自由に決めることができるということだ。

■20世紀美術を支えたコレクター、ペギー・グッゲンハイム

ペギー・グッゲンハイムは、欧米のシュルレアリスムとアメリカ抽象表現主義美術の形成と発展に貢献し、20世紀アートの育ての親ともいわれる重要なアート・コレクターである。彼女は、1898年に

ユダヤ系大富豪一族グッゲンハイム家の令嬢としてニューヨークで生まれ、21歳のとき、タイタニック号の沈没事故により他界した父親から多額の財産を引き継いだ。その後、ヨーロッパでマルセル・デュシャンと知り合い、彼の助言のもと、前衛芸術家たちを支援するためにロンドンで画廊を開く。そこでは、ワシリー・カンディンスキーの最初の個展や英国初のシュルレアリスム展を開催し、多くの芸術家を売り出した。

1941年、ペギーは、フランスに進攻してきたナチスから逃れるため、二度目の夫となるシュルレアリスム芸術家マックス・エルンスト、最初の夫だった美術家ローレンス・ベイルや子供たちを連れてニューヨークに帰還する。この際、危険を顧みず、「退廃芸術」としてナチスに攻撃されていた多くの前衛芸術作品をアメリカに運び出し、またアンドレ・ブルトン、イブ・タンギーら芸術家の渡米を支援した。

ニューヨークに戻ってからは画廊「今世紀のアート」を開業し、欧米のキュビスト、シュルレアリスト作品を紹介するとともに、当時は無名だったジャクソン・ポロックと独占契約を結んで支援するなど、多くの若手アーティストを世に送り出した。

ペギーは、恋多き女性としても有名で、離婚した2人の夫のほか、生涯で400人を超える愛人がいたという。これには、マルセル・デュシャン、ブランクーシ、イブ・タンギーら多くの芸術家も含まれている。

ペギーには、最初の夫ローレンス・ベイルとの間に、娘ペギーンと息子シンドバッドがいた。ペギーンは、父親や義父エルンストの影響でシュルレアリスムの画家になった。彼女は、1958年、母の反対を押し切ってイギリス人画家ラルフ・ラムニーと結婚してパリに移り住んだが、その後、反復性のうつ症状に苦しめられ、1967年、睡眠薬の過剰摂取により41歳で亡くなった。ペギー・グッゲンハイム美術館の邸宅内の浴室は、ペギーンの息子たちと財団が最初の裁判で合意した和解条項に基づきペギーンのメモリアルルームとされ、今でも彼女の肖像写真と絵画作品が展示されている。

ペギーの息子シンドバッドの方は、保険会社に就職してアートから離れた生活を送り、1989年に亡くなった。彼の末娘、キャロル・ベイルは、ソロモン・グッゲンハイム財団にキュレーターとして勤務し、2017年以降はペギー・グッゲンハイム美術館の館長を務めている。

公開が禁じられているホイッスラー作品「エデン夫人の肖像」

●グラスゴー大学の附属施設として1807年に開館したハンタリアン美術館は、18世紀に英仏で活躍したアメリカ出身の画家ジェイムズ・マクニール・ホイッスラー（1834年〜1903年）の油彩画80点、数百点の水彩・素描画をはじめとするホイッスラー作品を所蔵している。これらは、ホイッスラー没後にその遺産を管理していた義理の妹、バーニー・フィリップ（1873年〜1958年）がグラスゴー大学に寄贈したものだ。

●彼女が、コレクションの寄贈先としてロンドンやパリの美術館ではなくグラスゴー大学を選んだ理由は、グラスゴー大学が、彼女が要求した寄贈の条件をすべて受け入れたからだ。最も重要な条件は、「寄贈品を大学内で管理し、理由や方法の如何にかかわらず学外へは持ち出さないこと」だった。作品の移動による劣化、損傷を防ぐために必要と考えたようだ。この条件に合意した結果、ハンタリアン美術館は、ホイッスラー研究者や愛好家たちの聖地になったが、ホイッスラー作品を他の美術館が開催する展覧会に出品して貸出しの対価を得たりその見返りの作品を借り入れたりすることはできない。

●バーニー・フィリップは、寄贈品の一つである「エデン夫人の肖像」という油彩画について、さらに厳しい条件を付けている。「この絵は大学が保持し続け、公開することも手放すことも許されない」というものだ。

●「エデン夫人の肖像」は、ホイッスラーがフランスの富豪、ウィリアム・エデン卿から注文を受けて描いたものだ。エデン卿は、発注の2年後である1884年、ホイッスラーのアトリエでこの作品を目にし、完成品と判断してその引渡しを求めたが、ホイッスラーは、「まだ完成していない」と主張して応じなかった。そこで、エデン卿はパリの裁判所に絵画の引渡しを求める訴訟を起こしたところ、ホイッスラーは、「アーティストには自分の作品を公開するかどうかを自らの判断で決める権利がある」と主張して争った。数年に及ぶ裁判の結果、1890年、フランスの最高裁判所は、ホイッスラーの言い分を認め、「創作者である被告ホイッスラーが未完成と考えている以上、彼は引渡しを拒絶することができる」と判断し、原告エデン卿の請求をしりぞけたのである。[*]この判決は、現在は世界各国の著作権法が定めている「著作者人格権」が生まれるきっかけとなった。芸術家の作品に対する思いや名誉を守るため、作品を公表するかどうかを作者本人が決める権利（公表権）、他人が作品の内容を改変することを禁ずる権利（同一性保持権）などである。

●こうして、「エデン夫人の肖像」はホイッスラーが所有し続け、没後は遺産の一つになった。バーニー・フィリップは、この絵をグラスゴー大学に寄贈する際、裁判で示された生前のホイッスラーの意思を尊重し、この作品の公開を禁じたのである。イギリスの著作権法上の「著作者人格権」は、著作者本人が死亡したときに消滅するのだが、グラスゴー大学が受け入れた寄贈の条件には公開禁止の期限が付されていないため、ハンタリアン美術館は現在もこの作品を展示公開することができないまま保持し続けている。

廃止されかかった横須賀美術館の「谷内六郎館」

●昭和の人気画家、谷内六郎（1921年〜1981年）は、『週刊新潮』の表紙絵を1956年の創刊時から毎号欠かさず担当し、子供がいるノスタルジックな昭和の町や農村の原風景を描き続けた。1981年に59歳で亡くなるまでに描いた表紙絵は1300点を超えている。彼は、晩年には横須賀市の観音崎にアトリエを構え、地元の子供たちとも交流していた。

●1998年、横須賀市は、観音崎に美術館を新設することを決定し、この地にゆかりのある画家、谷内六郎の遺族にも協力を求めた。これを受け、亡妻、谷内達子（みちこ）氏は、六郎が描いた『週刊新潮』表紙絵の原画をすべて新設美術館のために寄贈することにした。横須賀市は、達子氏との間で、美術館の別館として「谷内六郎館」を建てて寄贈作品を収蔵・展示すること、六郎の長女、谷内広美氏をこの館の専門アドバイザーに委嘱することなどを約束し、その旨の合意書を交わした。これに基づき、広美氏は開館前からアドバイザーに就任し、「谷内六郎館」構想の助言などを行ってきた。アドバイザーの報酬その他の条件は、横須賀市が定めた基準に従ったものである。

●ところが、2007年に美術館が開館した後、一部の市民は「谷内広美氏へのアドバイザー委嘱は市長との間の裏取引によるので、市は広美氏に支払った報酬の返還を請求すべだ」などと言い出した。そして2009年、この声に賛同した市議の吉田雄人氏が市長に就任し、広美氏に対するアドバイザー委嘱の打切りを一方的に決定したのだった。

●吉田市長の措置に対し、谷内達子氏は、「谷内作品を寄贈した際における約束に違反する」として、横須賀市との贈与契約の解除を通知したうえ、寄贈作品の返還を求める訴訟を横浜地方裁判所に提起した。しかし、2013年、裁判所は、「吉田市長による委嘱の打切りは契約違反の可能性がある」ことを認めながらも、「市が広美氏をアドバイザーに委嘱すると約束したのは作品の贈与が決まった後なので、この約束に違反しても贈与の効力には影響しない」と述べ、達子氏の請求を棄却した。*控訴審である東京高等裁判所も2014年に同じ判断をしたので、谷内六郎作品は横須賀美術館が収蔵し続けることになった。

●しかし、谷口六郎とその作品を後世の人々に伝えることを目的とする谷内六郎館は、彼を最もよく知る家族と対立したままで運営できるのだろうか。作品の著作権は遺族が相続しているので、美術館は彼らに無断で作品の画像・映像を公開、配信したり、図録、絵はがき等を作成・販売したりすることもできない。

●この状態は市民の利益に反し、故六郎氏の意向にも沿わないので、横須賀市と遺族たちは判決が下った後に和解することにした。現在の横須賀美術館は、達子氏、広美氏の協力のもと、季節ごとの展示替えをしながら、谷口六郎館で〈週刊新潮表紙絵〉展を開催している。

II

美術館・博物館が直面する倫理的要請とのジレンマ

欧米各国の美術館・博物館のコレクションには、他国から奪った戦利品や植民地の住民から入手した美術品、文化財が数多く含まれている。個人のコレクションを基盤にした博物館・美術館であっても、植民地経営や奴隷貿易によって財を成した人物が集めた品々を収蔵していることが少なくない。帝国主義の時代を経ている日本の美術館・博物館もまた、その例外ではない。

20世紀後半以降、戦争・侵略行為などにより収奪・盗掘された美術品や不平等な商取引により原産国から持ち出された文化財について、被害者の遺族や原産国への返還を求める声が高まった。その先駆けは、植民地時代に虐げられた先住民族の権利回復運動で、1970年代以降、各国の博物館や大学は、研究や展示目的で収蔵していた先住民の遺骨や埋葬品の返還を求められるようになった。今世紀に入ると、美術館・博物館は、ナチスの迫害を受けたユダヤ人遺族による略奪美術品の引渡請求事件が増えてきた。さらに2010年代後半以降は、ブラック・ライブズ・マター運動に呼応し、植民地から持ち去られた文物を原産国に返還しようとの動きが広がっている。

しかし、美術館・博物館は、こうした品々を合法的に購入したり寄贈を受けたりして法律上の所有権を有し、公共の利益のために収蔵しているので、安易に手放すわけにもいかない。現在、多くの美術館・博物館は、収蔵品の維持・管理という本来の使命と、略奪・侵略を受けた被害者の救済という倫理的要請との間のジレンマに直面しているのである。

ここでは、【事件06】、【事件07】において、美術館・博物館がナチス略奪品の返還を求められたアメリカとイギリスの事件、【事件08】と【事件09】では、先住民の遺骨の返還をめぐるイギリスと日本の事件をそれぞれ紹介しよう。

事件 05

ユダヤ人銀行家が所蔵していた5枚のピカソ絵画の行方

ショップス対ニューヨーク近代美術館、グッゲンハイム財団事件ほか【アメリカ】

■事件の経緯

メンデルスゾーン＝バルトルディのピカソ・コレクション

ベルリンの銀行家、パウル・フォン・メンデルスゾーン＝バルトルディ（1875年〜1935年）は、作曲家メンデルスゾーン（1809年〜1847年）の親戚筋にあたる名家に生まれたドイツ系ユダヤ人である。彼は当時の現代美術に強い関心を持ち、家業の銀行業を営む傍ら、ピカソ、ゴッホなどの絵を買い集めていた。

しかし、1930年代に入るとナチスによるユダヤ人への迫害が始まり、ユダヤ系企業を顧客にしてきたメンデルスゾーン家の銀行も経営難に陥る。1934年、メンデルスゾーン＝バルトルディは、財政上の理由からやむなく、そのコレクションのうち、ピカソの初期の傑作「アブサンを飲む男」（1903年）、「馬を引く少年」（1905～06年）、「ムーラン・ド・ラ・ギャレット」（1900年）、「マダム・ソラー」（1903年）、「女の頭部」（1903年）を含む16点の絵を、ベルリンで画商を営むユダヤ人、ジャスティン・タンホイザー（1892年～1976年）に売却した。この売買の翌年、メンデルスゾーン゠バルトルディは突然の心臓発作により他界したのだった。

画商タンホイザーは、購入したピカソ作品をスイスにある彼の画廊に直ちに搬送した。彼自身がユダヤ人であるうえ、ナチスから頽廃芸術に指定されていたピカソやゴッホの作品が見つかると没収されてしまうからだ。そして彼も、1937年にパリへ逃れ、1940年にはアメリカのニューヨークに移住した。

5枚のピカソは、それぞれ、ロンドン、ニューヨーク、ワシントンDC、ミュンヘンへ

画商タンホイザーの手に渡った5点のピカソ作品は、その後、それぞれ異なる運命をたどる。

一枚目の「アブサンを飲む男」は、タンホイザーが1936年9月にアメリカの画廊に売却した。1995年、買主はこの絵をニューヨークのサザビーズが主催したオークションに出品し、イギリスの作曲家アンドリュー・ロイド゠ウェバーにより2915万ドルで落札された。ロイド゠ウェバーは、購入した絵を、彼がロンドンに設立したアンドリュー・ロイド゠ウェバー美術財団に寄贈している。

二枚目の「馬を引く少年」は、1936年、タンホイザーが経営するスイスの画廊でアメリカの画商

が購入してニューヨークに持ち帰り、個人コレクターに転売した。買主は、この絵を1964年まで保有した後、ニューヨーク近代美術館（MOMA）に寄贈した。

三枚目の「ムーラン・ド・ラ・ギャレット」は、タンホイザーがニューヨークに移住する際に持参して所有し続けた。彼は、1963年にこの絵を他の多くの作品とともにソロモン・グッゲンハイム財団に寄贈した。この絵はその後、財団が運営するニューヨークのグッゲンハイム美術館に収蔵されている。

四枚目の「マダム・ソラー」も、タンホイザーがニューヨークに運び込んだ絵の一つだが、1964年、ドイツのバイエルン州文化省が彼からこれを買い取り、ミュンヘンにある美術館、ピナコテーク・デア・モデルネに収蔵されることになった。

五枚目の「女の頭部」は、タンホイザーが1937年までに手放していた。その後、ニューヨークの画廊を経て個人のコレクターの手に渡った。このコレクターは、2001年、ワシントン・ナショナル・ギャラリーにこの絵を寄贈している。

こうして、ピカソの傑作5点は、世界各地の著名な美術館や美術財団に収まったのだった。

■ショップス対ロイド・ウェバー美術財団（「アブサンを飲む男」）事件[†1]

ニューヨークのオークション出品をきっかけとする遺族の引渡請求

「アブサンを飲む男」を所蔵することになったロイド＝ウェバー美術財団は、当初はこの絵を美術館の展覧会に貸し出すなどしていたが、２００６年、ニューヨークのクリスティーズがその年の11月に開催するオークションに出品することにした。売却した収益で次世代ミュージカル俳優の育成基金を設けるためである。クリスティーズは、この「アブサンを飲む男」を目玉とするオークションの開催を大々的に宣伝した。

さて、１９３５年に亡くなったメンデルスゾーン＝バルトルディには、妻と自身の妹が4人いた。この事件の原告となったジュリアス・ショップス氏は、妹の一人の孫である。ショップス氏は、クリスティーズによるオークション開催の広告を目にしたとき、大伯父が所蔵していた「アブサンを飲む男」が掲載されていることに気づき、クリスティーズに対し、この絵の出品を取り止めるように求めた。そして、２００６年11月8日、ショップス氏は、ロイド・ウェバー美術財団に対し、「アブサンを飲む男」の引渡しを求める裁判をニューヨーク州地方裁判所に提起したのである。

アメリカの裁判所は遺族の請求を門前払いに

原告ショップス氏は、「この絵は、原告（ショップス氏）の大伯父がナチスの迫害により奪われた作品の一つなので、原告は、彼の相続人として取り戻す権利がある」と主張し、その引渡しを求めた。しかし、ニューヨーク州地方裁判所は、この言い分の当否については全く触れずに訴訟を終わらせてしまった。アメリカの裁判制度上、美術品などの所有者が亡くなった後に訴訟を提起することができるのは、所有者の「相続人」ではなく、「遺産管理人」とされているからだ。

日本やドイツでは、亡くなった人の財産は直ちに相続人に移り、相続人が所有者になる。しかし、アメリカでは、誰かが亡くなると、まず裁判所が「遺産管理人」を任命し、遺産管理人が財産や債務を調査して負債の返済などをしたうえで、残った財産を相続人に分配することになっている。この手続きが完了するまでの間、アメリカの裁判所に遺産に関する訴訟を起こす資格があるのは、裁判所が選任した遺産管理人だけなのである。メンデルスゾーン＝バルトルディが亡くなった国であるドイツにはこのような制度は存在しないので、もちろん彼の財産の遺産管理人は選任されていない。

2009年8月、ニューヨーク州地方裁判所は、「原告ショップス氏は、遺産管理人ではないし、この裁判を行う資格があることを示す証拠を何も提出していない」と述べ、実質的な審理は一切せずに原告ショップス氏の提起した訴訟を却下したのである。

和解による解決

ショップス氏はこの裁判には納得できなかった。今度は遺族全員に連絡をとり、もう一度裁判をやり直そうとして準備をすすめた。しかし、二度目の裁判が始まる前の2010年1月、ロイド＝ウェバー美術財団とショップス氏ら遺族の間で、紛争の解決に関する和解が成立した。財団は遺族に対して和解金を支払うことに合意し、遺族たちは和解金と引換えに財団がこの絵を所有し続けることを認めたのだ。和解金額は公表されていないが、かなりの高額だったはずだ。

この年の6月、ロイド＝ウェバー美術財団は、「アブサンを飲む男」をロンドンのクリスティーズが主催するオークションに出品し、3470万ポンド（約47億2000万円）で売却している。

■ショップス対ニューヨーク近代美術館、グッゲンハイム財団（「馬を引く少年」と「ムーラン・ド・ラ・ギャレット」）事件[†2]

「遺産管理人」制度がない国の相続人全員でなら裁判を起こせる

ショップス氏は、ロイド＝ウェバー財団との裁判を進める中で、故メンデルスゾーン＝バルトルディのコレクションだったピカソ絵画のうち「馬を引く少年」はニューヨーク近代美術館が所蔵し、また、「ムーラン・ド・ラ・ギャレット」はソロモン・グッゲンハイム財団が所有してその美術館に収蔵されていることを知り、2007年3月、美術館と財団に対し、絵画の引渡しを求めた。しかし、美術館と財団はこれに応じず、2008年10月、合衆国連邦（ニューヨーク南部地区）地方裁判所でショップス氏との間の裁判が始まった。その後、この裁判には、ショップス氏の呼びかけにより他の遺族たちも加わり、ショップス氏を含む故メンデルスゾーン＝バルトルディの遺族全員が原告となり、被告近代美術館に対して「馬を引く少年」の引渡しを、被告グッゲンハイム財団に対しては「ムーラン・ド・ラ・ギャレット」の引渡しをそれぞれ求める訴訟になった。

さて、この裁判の原告となったショップス氏ら遺族たちは、裁判所が選任した「遺産管理人」ではないという点において、「アブサンを飲む男」事件のときと変わりがない。しかし、今回の裁判では、原告たちはドイツ法の専門家を証人に呼び、「ドイツの相続法によれば遺産は死亡と同時に相続人全員に帰属すること」を裁判所に丁寧に説明した。この説明を受け、裁判所は、「遺産管理人制度がない国で相続があった場合は、正当な相続人であることの証明ができればアメリカで訴訟を起こすことができる」と述べ、原告らの請求を門前払いにはしなかった。

即時棄却の略式判決ではなく正式な審理をすることに

原告ショップス氏らは、訴訟の申立てにおいて、絵画引渡請求の根拠として、「故メンデルスゾーン＝バルトルディはナチスの迫害によって絵画の売却を強要されたので、売買は無効である」と主張していた。しかし、当時この絵を買った画商タンホイザーはナチスの関係者ではなく、ナチスの迫害を受ける立場にいたドイツ系ユダヤ人である。被告となった美術館と財団は、このことを指摘し、「ナチスに絵画の売却を強要された、という原告の主張は荒唐無稽なので、証拠調べなどの正式な事実審理の手続きをするまでもない」と主張し、裁判所に、略式判決によって原告の請求を直ちに棄却することを求める申立てをした。メンデルスゾーン＝バルトルディは自ら希望してタンホイザーに絵画を売却したのであり、2人の間の売買にナチスは一切関与していないから、という言い分だ。

しかし、連邦地方裁判所は、「1934年当時にナチスがユダヤ人を迫害していたことは公式な記録上明らかであり、またメンデルスゾーン＝バルトルディが経済的に困窮していた事実を示す証拠も提出されているので、彼が自由意思により絵画の売却を決めたのか、それとも彼の窮状に乗じた画商に買い叩かれて不本意ながら手放したのかは、証人尋問などの証拠調べを含む正式な審理をしたうえでなければ判断できない」と述べ、この申立ては認めなかった。

２００９年1月、裁判所は、原告らの請求が認められるかどうかに関して正式な裁判手続きによる事実審理を行うことを決定した。

結局、和解による解決を選択

被告らによる略式判決の申立ては認められなかったが、原告が絵画を取り戻せるかどうかが正式な事実審理の手続きを経て確定するのは、まだ何年も先のことになりそうだった。

アメリカには、「権利の上に眠る者は保護に値しない」という考え方に基づき、「権利行使懈怠（けたい）の法理（Doctrine of Laches）」という法制度がある。裁判上の請求ができるにかかわらず何十年も放置していると、相手方はその状態を前提として社会生活を営み、いきなり覆されたときに甚大な不利益を受けるので、そのような場合はもはや裁判を起こせなくなることにしているのである。被告らは、「原告は、被告らの美術館がそれぞれの絵を所蔵していることを簡単に調べられたのに、40年以上もこれを放置していたのだから、『権利行使懈怠の法理』により今更訴訟を起こすことができない」という主張を展開していた。また、ニューヨーク近代美術館が持っている「馬を引く少年」は、１９３６年にアメリカの画商がスイスで購入してアメリカに持ち帰ったのだから、このときの売買にはスイスの法律が適用される可能性がある。そこで、被告ニューヨーク近代美術館は、スイスの民法が「物品を購入してから5年間が過ぎた場合は、たとえ盗品であっても買主に所有権が移る」と定めていることを指摘し、「原告はもはや所有者ではない」とも主張していた。

このように、ナチス略奪品の取戻しに関する裁判では、アメリカの「権利行使懈怠の法理」やその他の国における様々な制度に基づく法律問題が必ず争われ、その一つ一つが慎重に審理される。このため、全ての争点に関する審理が終わって判決に至るまでに10年以上かかる事件も少なくないのである。もちろん、それまでには膨大な裁判費用がかかる。

結局、この事件の被告であるニューヨーク近代美術館とグッゲンハイム財団は、正式な裁判手続きにおける審理が始まる直前、原告に和解を申し入れた。２００９年2月、被告らは、和解金を支払うことにより、遺族らに矛を収めてもらったのである。遺族らが合意した和解金額は公表されていないが、おそらく、市場におけるピカソ作品の時価を念頭に入れた金額だったのだろう。ショップス氏は「受け取った和解金は、大伯父が失った別の絵画の捜索費用や取戻しの裁判の軍資金にする」と述べていた。

■ショップス対バイエルン州（「マダム・ソラー」）事件[†3]

外国の国家機関に対する裁判は許されない

ショップス氏らが「マダム・ソラー」を取り戻すための訴訟を起こしたのは、ニューヨークの２つの美術館との事件解決の4年後である。「マダム・ソラー」は、ミュンヘンのピナコテーク・デア・モデルネが管理しているが、その所有者はドイツのバイエルン州である。そこで、２０１３年３月、ショップス氏は他の遺族とともに原告となり、この絵の所有者であるドイツのバイエルン州に対する絵画引渡請求訴訟を、合衆国連邦（ニューヨーク南部地区）地方裁判所に提起した。

しかし、連邦地方裁判所は、２０１５年６月、正式な事実審理の手続きに入る前にこの訴えを却下した。これまでの３点の絵の事件とは異なり、この訴訟の被告は、ドイツ連邦共和国のバイエルン州という外国の国家機関だからだ。アメリカには、「主権免除」という制度があり、外国国家やその機関は、米国内で取引等の商業活動を行ったことに関する訴訟を除き、アメリカで裁判を受けなくてもよいことになっている。[†4] 被告バイエルン州は、ドイツ連邦共和国の機関なので、この特権を受けることができるのだ。

原告らは、「被告バイエルン州は、１９６４年に米国内にあるこの絵をタンホイザー画廊から買ったので、米国内で商業活動を行ったことになり、主権免除は認められない」と主張したが、この言い分は裁判所に通じなかった。このときの売買の際、タンホイザー画廊は、税務対策のために絵画をヨーロッパに運び出し、パリのホテルでバイエルン州の担当者と売買契約を交わしていたからだ。

こうして、この訴訟は、原告らの請求が審理されることなく終結し、「マダム・ソラー」は、その後もミュンヘンのピナコテーク・デア・モデルネに収蔵されている。

■ショップス対ワシントン・ナショナル・ギャラリー（「女の頭部」）事件

裁判が起こる前に遺族に引き渡してしまって解決

メンデルスゾーン＝バルトルディがタンホイザーに売却した5枚のピカソ絵画のうちの残りの一枚「女の頭部」を持っているのはワシントン・ナショナル・ギャラリー（ナショナル・ギャラリー・オブ・アート〔ワシントン〕）である。ショップス氏をはじめとする遺族たちは、2020年に、ワシントン・ナショナル・ギャラリーに対してその引渡しを求めた。

しかし、この絵に関する事件は、裁判が始まることもなくあっけなく解決している。ワシントン・ナショナル・ギャラリーは、この年の4月、早々とショップス氏らの要求を受け入れて、「女の頭部」を遺族らに引き渡してしまったからだ。「彼らの請求に正当な根拠があるからではなく、裁判をすることによる過大な負担を回避するため」というのがその理由である。

絵画を取り戻したショップス氏らは、これを売却して換金することをニューヨークのガゴシアン画廊に委託し、ガゴシアン画廊は、この絵を1000万ドルで売りに出した。その後誰がいくらでこれを購入したのかは公表されていない。

■事件の評価

英米の美術館はナチス略奪品に関する裁判を避けたがっている?

メンデルスゾーン＝バルトルディの遺族たちによる5枚のピカソの絵の引渡請求事件のうち、3枚(「アブサンを飲む男」、「馬を引く少年」、「ムーラン・ド・ラ・ギャレット」)に関する事件は、裁判における正式な事実審理に入る前に被告である美術財団・美術館が和解金を支払うことにより解決、一枚(「女の頭部」)は、裁判が始まる前に美術館が遺族たちに返却した。ドイツに渡った残りの一枚(「マダム・ソラー」)はアメリカでの裁判が認められず、未解決の状態でミュンヘンに留まっている。結局、「メンデルスゾーン＝バルトルディの遺族たちは、絵画の取戻しを求める法律上の権利を有しているのか」という実質的な法律問題について、アメリカの裁判所はこれまでに一度も判断を示していない。もっとも、遺族たちにとっては、和解金を受け取るのは勝訴と同じなので、4勝1敗ということになる。

このように、最近のアメリカの美術館の多くは、ナチスに迫害されていたユダヤ人の遺族がその間に手放した美術品の引渡しを求める訴訟を起こしたときは、その請求が認められるかどうかという法律問題を審理する前に、和解によって解決する道を選択している(【コラム3】参照)。訴訟に要する時間と費用が大きな負担となるうえ、ナチス略奪品の疑いのある絵画を収蔵し、遺族との間で裁判を抱えていると、美術館の社会的なイメージはそれだけで傷つくからだ。

損保美術館のゴッホ「ひまわり」は？

メンデルスゾーン＝バルトルディのコレクションには、ピカソ作品のほか、モネやゴッホの傑作も含まれていた。現在、新宿のＳＯＭＰＯ美術館が常設展示しているゴッホの「ひまわり」（１８８８年）もその一つである。

１９３４年、メンデルスゾーン＝バルトルディは、ユダヤ系フランス人であるパリの画商ポール・ローザンベールを経由してイギリスの資産家イーディス・ビーティに「ひまわり」を売却した。ビーティ家はその後50年以上にわたりこの絵を所蔵していたが、１９８７年3月、ロンドンで実施されたクリスティーズのオークションにこれを出品する。このオークションで「ひまわり」を落札したのが、安田火災海上保険（現損害保険ジャパン）である。２４７５万ポンド（約58億円）という落札価格は、当時の相場を大きく上回り、世の注目を浴びた。

２０２２年12月、メンデルスゾーン＝バルトルディの遺族であるショップス氏らは、「ひまわり」を購入した損保ジャパンとこれを収蔵しているＳＯＭＰＯ美術館に対し、絵画の引渡しと損害賠償を求める訴訟をイリノイ州の合衆国連邦地方裁判所に提起した。

この裁判は、日本の企業がロンドンで購入して東京で所有している絵画の引渡請求事件なので、そのような裁判をそもそもイリノイ州の裁判所が取り扱うことができるのか、すなわち「裁判管轄権」（特定の事件について特定の裁判所が裁判を行う権限）があるのかどうかが最初の大きな争点になった。アメリカの裁判制度上、特定の州の裁判所に、その州内にはいない者を被告として裁判を起こすことができるのは、被告がその事件に関連して州内で活動をしているなど、被告とその州との間にある程度密接な関係がある場合に限られているからだ。

さらに、アメリカの裁判には、「フォーラム・ノンコンビニエンスの法理」という制度があり、「ある事件について、他の国も裁判権を有し、かつその国で裁判する方が公平で便利な場合は、その国の裁判所に紛争の解決を任せることにし、裁判を行わない」ことになっている。被告損保ジャパンらは、この制度の適用を求め、「日本で裁判をした方が便利で公平である」と主張した。

もちろん、これらのハードルを越えて実質的な争点の審理に入ったとしても、ショップス氏らの絵画引渡請求は簡単には認められない。「メンデルスゾーン＝バルトルディはナチスの迫害によって絵画の売却を強要されたのか」という点が大きな争点になるだろうし、これに加え、既述の「権利懈怠の法理」や出訴期間制限法（民事上の権利に関して、裁判所に訴訟を提起して救済を求めることができる期間を限定する法律）や日本の取得時効制度（物品を20年以上の間持ち続けた者がその所有権を取得する制度）の適用があるかどうかなど、ハードルがいくつもある。この裁判は、他の多くのナチス略奪品裁判と同様、どちらか一方が根負けして和解しないかぎり、この先数年間は続くことになると思われた。

しかし、２０２４年6月、イリノイ州の連邦地方裁判所は、最初の争点、すなわち、裁判管轄権がないことを理由に原告の訴えをしりぞけ、裁判はあっけなく終了した。[†5] 原告らは、裁判管轄権の根拠として、「被告ＳＯＭＰＯ美術館は、２００１年から２００２年にかけて、イリノイ州のシカゴ美術館に『ひまわり』を貸し出したことがある」等と主張していたが、裁判所は、「その程度の関係では、イリノイ州に裁判管轄権を認めるには足りない」と判断したのである。損保ジャパンらはひとまず安堵しているだろうが、メンデルスゾーン＝バルトルディの遺族たちは絵画の回復をあきらめたわけではなく、別の裁判の機会を狙っている。したがって、今後も当分の間、アメリカのどこかの美術館でゴッホ展が企画されることがあったとしても、ＳＯＭＰＯ美術館の「ひまわり」が貸し出されることはない。

■ピカソはなぜ作品のスタイルを変え続けたのか？

20世紀最大の巨匠パブロ・ピカソ（１８８１年〜１９７３年）は、カメレオンと揶揄されるほど作品のスタイルを目まぐるしく変えている。特に、初期から壮年期にかけては、青の時代（１９０１年〜１９０４年頃）、ばら色の時代（１９０４年〜１９０６年頃）、キュビスム（１９０７年〜１９１４年頃）、新古典主義（１９１７年〜１９２５年）、シュルレアリスム（１９２５年〜１９３６年頃）という具合に、数年間隔で異なる画風に移っていた。その主な理由は、ピカソの芸術的関心が恋人や社会情勢に応じて変化したためや、一つの画風を極めて次の段階に進んだためとされるが、もっと経済的な事情を指摘する人もいる。

20世紀初頭、ピカソは、ジョルジュ・ブラックとともに、人物や物体を様々な角度から見たイメージを一つの絵に合体させる、キュビスムという手法を生み出して、絵画の世界に革命をもたらした。しかし、キュビスムは、直ちに美術市場に受け入れられたわけではない。当時、ピカソの作品の多くは、ダニエル＝ヘンリー・カーンワイラーという、前衛芸術に理解がある画商が買い上げ、新しもの好きのロシア人実業家シチューキンなどに売りつけていたのだ。しかし、1914年に第一次世界大戦が始まるとドイツ人であるカーンワイラーはパリを離れ、さらに、ロシア革命によりシチューキンが資産を失うと、キュビスム作品の買い手が激減する。ピカソが新古典主義の作品を描き始めたのは、この頃からだ。写実的でわかりやすい作品は多くの美術愛好家に好まれ、ピカソは、フランスの画商ポール・ローザンベールとの間で独占的な契約を結ぶことができた。1919年にローザンベールが最初に開催したピカソの個展には、もはやキュビスム絵画は一枚も出品されていない。

ピカソが再び前衛絵画を描くようになったのは、シュルレアリスムが台頭し、新しい芸術が市場に出回りだした、1925年以降である。この頃のピカソの作品は、初期のキュビスム作品よりもずっとカラフルで商売向きになっていたので、画商ローザンベールもこれを歓迎した。ピカソとローザンベールの関係は、ピカソが「ゲルニカ」を描いた1937年頃まで続いたが、それ以降は、再びカーンワイラーが彼の画商に戻っている。この頃のピカソは、押しも押されもせぬ巨匠の地位を確立していたので、作品の売れ行きは気にせず自らの関心の赴くままに彫刻や陶芸を含む新しい芸術に取り組んだ。

このような変遷によれば、壮年期までのピカソは、美術市場の状況や画商ローザンベールの助言を参考にしながら、売れ筋の作品スタイルを選んでいた可能性もありそうだ。

この事件で取り上げた5枚の絵画のうち、「ムーラン・ド・ラ・ギャレット」はピカソが初めてパリに居を構えた頃、その他の4枚はこれに続く「青の時代」や「ばら色の時代」のもので、いずれもキュビスム以前の作品である。この頃のピカソ作品は、今日の美術市場でもキュビスム以上に人気が高い。

美術館はホロコースト被害者の遺族に美術品を返すべきか？

●2023年9月、アメリカ各地の8つの美術館や美術財団に収蔵されているエゴン・シーレの絵画9枚が、ニューヨークのマンハッタン地方検事により盗品保持罪の疑いで差し押さえられるという事件が起きた。差押え品は、ニューヨーク近代美術館の水彩画「売春婦」（1912年）と「靴を履く少女」（1910年）、ノイエ・ギャラリー創設者が所有する「アンチテーゼが好き」（1912年）、カリフォルニア州サンタバーバラ美術館の「芸術家の妻イーディスの肖像」（1915年）、シカゴ美術館の「ロシアの捕虜」（1916年）などで、いずれも、1941年まではユダヤ系オーストリア人、フリッツ・グリュンバウムのコレクションだったが、彼がナチスに虐殺された後、スイスの画廊を通じてアメリカに持ち込まれたものだ。グリュンバウムの遺族らは、「これらはナチスに略奪された作品だ」と主張して、2022年12月に各美術館等に対する引渡請求訴訟を提起するとともに、マンハッタン地方検事にその事実を伝えて差押えを求めたのである。遺族らは、ウィーンのレオポルド美術館、アルベルティーナ美術館およびオーストリア政府に対しても、「廃墟の町III」（1911年）をはじめとするシーレ作品12点の引渡しを求める訴訟を起こしている。

●これらの差押えの直後から翌年1月にかけて、シカゴ美術館以外のアメリカの美術館等は、要求に応じ、それぞれの作品をグリュンバウムの遺族らに返却してしまった。略奪品をめぐる裁判を続けると、経済的、時間的負担が大きいうえ、美術館の社会的評価にも傷が付くからだ。加えて、美術館の後援者、支援者にユダヤ系の富豪が多いことも影響しているようだ。

●しかし、市民に美術鑑賞の機会を提供することを使命とする美術館が、遺族らの言い分を十分に精査せずに、安易に収蔵品を手放してよいのだろうか？　遺族らは、取り戻した絵画を次々にオークションに出品したり画廊を通じて売却したりして換金しているので、もはや公衆がこれらの作品を観ることができない。

●シカゴ美術館とウィーンのレオポルド美術館、アルベルティーナ美術館は、こうした公共の利益を重視し、法律上の権利を主張して裁判所で争う道を選んだ。これらの事件のこれまでの裁判手続きでは、裁判所は各美術館の側の言い分をある程度は認めている。シカゴ美術館に対する「ロシアの捕虜」引渡請求訴訟では、2023年11月、ニューヨーク地方裁判所が遺族らの請求を認めないとの略式判決*を言い渡し、2024年2月に上訴審もこの判断を支持した。シカゴ美術館に訴訟を提起するための出訴期間がすでに過ぎていることなどがその理由だ。ウィーンの2つの美術館に対する訴訟の方は、外国の美術館を相手にアメリカで裁判を行うことができるのかどうかという問題がネックとなり、現在は手続きが中断している。どちらの裁判もまだ序盤に過ぎないが、今のところ、ニューヨークの裁判所は、中立的な立場で法律の定めに従った判断をしているようだ。

事件 06

大英博物館の収蔵品はホロコースト被害者の遺族に返却できるのか？

英国法務長官対大英博物館事件［イギリス］

■事件の経緯

大英博物館が収蔵する4枚の素描画

１７５３年に世界で最初の国立博物館として設立された大英博物館は、ロゼッタ・ストーン、ラムセス二世像などの重要な文化遺産を筆頭に人類の誕生から現在までを伝える、８００万点以上の品々を世界中から集めて収蔵している。ここで紹介するのは、それら収蔵品の中ではかなり地味な、４点の素描画をめぐる事件である。

大英博物館は、１９４６年にロンドンのサザビーズが開催したオークションで、３点の素描画を落札して購入した。16世紀のイタリアの画家パルミジャニーノ作の「聖家族」（１５３０～40年）、18世紀のイギリス人画家ニコラス・ブレイキイ作「マーキュリーとアポロのアレゴリー」（１７５０～55年）、ドイツ人画家マーチン・ジョアン・シュミット作「聖母子、聖エリザベスと聖ジョン」（１７７５～85年）の３枚である。同じ時期のオークションでは、博物館職員の一人が素描画一点（15世紀のドイツ人画家による「聖ドロシーと幼児キリスト」）（１４６７～70年）を購入していた。この絵は１９４９年に大英博物館に寄贈されている。

大英博物館とその職員がこれらの絵画を購入したのは、第二次世界大戦終結の翌年である。ちょうどその頃、戦勝国の間では、戦時中にナチスがユダヤ人から略奪した大量の美術品をどうやって被害者に返却するのかという問題が盛んに議論され、各国に略奪品の散逸を防ぐ措置をとるようにと呼びかけられていた。大英博物館はもちろんこのことを承知していたが、これらの４点の絵に関しては、サザビーズのオークション出品カタログに記されていた来歴に特に疑わしい点が見当たらなかったので、収蔵品に加えることに決めたのだった。

50年以上が過ぎてからナチス略奪品だったことが判明

ナチス略奪品の被害者への返却は、戦後50年以上が過ぎてもなかなか進展しなかった。そこで、１９９８年に世界各地から44か国の政府とＮＧＯの代表がワシントンＤＣに集まって会議を開き、ホロコースト時代に紛失または略奪された美術品の出所を確認してユダヤ人元所有者の遺族との間で公平で公正な解決を目指すことを内容とする「ワシントン原則」を宣言した。イギリス政府もこれに合意している。

これ以降、ナチスによる被害者の遺族たちが略奪品を取り戻そうとする動きは活発化していく。1999年には、このワシントン原則に基づいて、世界各地におけるナチス略奪美術品を捜索し、被害者への返還を援助するため、「欧州略奪美術品委員会」という非営利の国際機関がロンドンに設立された。

2002年5月、大英博物館は、欧州略奪美術品委員会から、「博物館が収蔵する4点の絵画は、ナチス略奪品の疑いがある」との突然の通知を受け取った。

この委員会の調査結果によれば、4点の素描画は、チェコのブルノ市で弁護士をしていたユダヤ系チェコ人、故アーサー・フェルドマン博士（1877年〜1941年）が所蔵していたということだ。フェルドマン博士は、1939年、当時のチェコスロバキアに進攻したナチスドイツにより財産を没収され、1941年に逮捕・投獄されて獄中で亡くなっている。欧州略奪美術品委員会は、彼の遺族からの要請を受け、このことを大英博物館に連絡し、フェルドマン博士の遺族に絵画を返還するようにと求めてきたのだ。

法律上の返還義務は負わないが…

大英博物館は、欧州略奪美術品委員会から伝えられ事実を再調査した結果、4点の素描画は、たしかにフェルドマン氏のコレクションだったことが確認できた。ただし、だからといって、大英博物館が遺族らに対しこれらの絵を返還すべき法律上の義務を負っているわけではない。イギリスの出訴期間制限法（イギリスの裁判所に訴訟を提起して救済を求めることができる期間を限定する法律）によれば、美術品を「誠実な取引」により購入した者は、6年間その占有をし続けると所有権を取得することができる。「誠実な取引」とは、盗品や略奪品であることを知らない者が、盗品・略奪品と疑うべき事情がない状況のもとで行う普通の売買のことで、サザビーズのような一流のオークションハウスが主催するオークションを通じて美術品を買う場合はこれに当たる。しかも、大英博物館としては、当時において可能な範囲内での調査をしたうえで、ナチス略奪品の疑いなしと判断してこれらの絵画を取得していた。したがって、法律上の所有権はすでに大英博物館に移っているはずだった。

しかし、大英博物館は、イギリス政府が合意したワシントン原則を考慮し、倫理的な観点からこれらの作品は遺族に返却するべきであると決定した。

大英博物館は返却したくても返せない

大英博物館は、その収蔵品の返却を内部で決定しても、その決定を自由に実行できるわけではない。大英博物館による収蔵品の処分は、2つの法律により制限されているからだ。

その一つは、公益信託や公益法人など公益活動を行っている団体や法人の行動を規制するための法律、「チャリティ法」である。この法律上、公益信託や公益法人は、イギリス政府の法務長官または裁判所が「倫理上その必要あり」と判断して許可した場合を除き、その資産を第三者に無償で譲り渡すことができない。大英博物館は、公共の利益のために美術品や文化財を所有、保管し、研究・展示する義務を負っているので、イギリスの法制度上は公益信託であり、チャリティ法の適用を受ける。したがって、大英博物館自身が「倫理上は遺族に返却すべきである」と判断した場合であっても、これを行うにはイギリス政府の法務長官または裁判所の許可を得なければならないのである。

2つ目のハードルは、大英博物館の設立と存続の根拠である「大英博物館法」による規制である。この法律上、大英博物館は、一定の例外的な場合を除き、有償無償にかかわらずその収蔵品を処分することができない。この例外にあたるのは、①重複する収蔵品を持っている場合、②管理を続けるのが不適切な収蔵品であり、かつ処分しても学生や研究者に不利益がない場合、③作品が損傷して役に立たなくなった場合、④英国内の他の国立美術館等に移転する場合などである。なお、チャリティ法に基づいて法務長官等の許可を受けることにより、大英博物館法上も処分できることになるのかどうかについて、どちらの法律も何も規定していない。

大英博物館は、とりあえずチャリティ法に従って、イギリス政府の法務長官に対し、4点の作品をフェルドマン氏の遺族に返却することについての許可を求めた。

法務長官は返却を許可したいが法律が禁じている?

大英博物館から許可申請を受けたイギリス政府の法務長官も、ナチス略奪品と判明したこの4点を遺族に返した方が、倫理的な観点から望ましいと考えた。しかし、イギリス議会が制定した大英博物館法には、「倫理上の必要」がある場合に収蔵品の処分をしてもよいとの定めがない。法務長官は、大英博物館法上の例外のどれにもあたらない場合に収蔵品の処分を自分が許可できるのかどうかの判断を裁判所に委ねることにした。

2003年9月、法務長官は、ロンドンの高等法院に訴訟を提起し、「大英博物館がその収蔵品である4点の作品を被害者遺族に返却することを許可してもよいのかどうか」に関する裁判を求めた。

■裁判†6

法務長官や裁判所も大英博物館法の定めに反して許可をすることはできない

実は、高等法院の裁判官も、本音としては、ナチス略奪品を遺族に返却するという大英博物館の決断を望ましいと考えていた。しかし、大英博物館法は、法律が明記する例外にあたる場合を除き、収蔵品の処分を禁じている。この法律は、「倫理上の必要があるときは処分できる」とか、「収蔵品が盗品・略奪品であるときは被害者に返してもよい」などという例外規定を設けていないので、ナチス略奪品の遺族への返却は、この法律上許されていないといわざるを得ない。裁判所は、過去の裁判例を検討したが、公益信託や公益法人が法務長官に処分の許可を求めた事件において、処分を禁ずる法律があるにかかわらず、許可することを認めた判決は一件も見当たらなかった。

以上を踏まえ、2005年5月、高等法院は、「大英博物館による絵画4点の遺族への返還は、たとえ倫理上の見地から必要であったとしても大英博物館法に違反するので、法務長官は許可を与えることはできない」と決定したのだった。

和解によって金銭的な解決に至る

高等法院の決定により、大英博物館は、ナチス略奪品と判明した４枚の素描画をフェルドマン氏の遺族に引き渡すことができなくなった。そこで、遺族たちと大英博物館とは、イギリスの「略奪審査会」(Spoliation Advisory Panel) に、この問題の打開策を求める申立てを行った。略奪審査会は、２０００年にイギリス政府が設けた常設の諮問機関で、ホロコースト時代（１９３３年～１９４５年）に紛失した美術品であって、現在イギリスの国有財産や博物館・美術館等のコレクションになっているものについて、被害者やその遺族から回復請求があった際に、裁判所に代わってそれが略奪品かどうかを審査し、妥当な解決策を見出すことを任務としている。その審査にあたっては、法律上の請求権の有無だけではなく、倫理上・道義上の責任問題などを総合的に検討・協議し、主として道義的な見地から、双方の正義及び公平に最も適った和解案を勧告する。[†7] 略奪審査会が示す和解案には、裁判所の判決のような拘束力はないが、イギリスの公的機関や美術館・博物館はこれに従うことにしているので、事実上は判決と同じような影響力がある。

この事件の場合、大英博物館による絵画の返還を禁ずる高等法院の決定がすでに出ているので、略奪審査会は、これを踏まえて審議のうえ、「大英博物館は、遺族たちに対し、作品の代価として17万5０００ポンドを支払うべきである」という金銭的解決を両当事者とイギリス政府に勧告した。双方はこの勧告を受け入れて和解し、また、政府の法務長官も、「この勧告に従った代価の支払は、倫理上の観点から問題なし」と判断してこれを許可した。こうして、大英博物館は、遺族への代価の支払と引換えに、

4枚の絵画を収蔵し続けることになった。

なお、和解の条件の一つとして、大英博物館は、これらの素描画を公開する際は、「元はフェルドマン・コレクションに属し、1939年にナチスに略奪された作品である」という来歴を必ず表記することを約束した。大英博物館の収蔵品を紹介するウェブサイトでも、各作品の来歴としてこのことが明記されている。

■事件のその後[†8]

大英博物館その他の国立美術館・博物館が略奪品を返却できるようにするための法律ができた

大英博物館を含むイギリスの国立博物館や国立美術館は、その設立の根拠となっている法律（大英博物館法、博物館・美術館法など）により、その収蔵品の処分が原則として禁じられている。この事件において、裁判所は、これらの法律が、盗品や略奪品を被害者に返却することさえも禁じていることを明らかにした。そこで、この事件の3年後、イギリス議会は、ナチス略奪美術品を国立博物館・美術館が収蔵している場合は、略奪審査会が勧告しイギリス政府が同意することを条件として、被害者やその遺族に返還することを認める法律（2009年ホロコースト略奪文化財返還法）を制定した。[†9]

さらに、近年は、ナチス略奪品だけではなく、帝国主義時代に植民地などからイギリスに持ち去った文化財の返還の問題が取り沙汰されるようになったので、2023年6月からチャリティ法が改正され、国立美術館・博物館は、ナチス略奪品だけではなく、あらゆる美術品や文化財に関して、「倫理上の必要」がある場合は、法務長官、裁判所、または公益信託等の監督機関であるチャリティ委員会の許可を受けて、被害者に無償で返却できることになった。こうした法改正の背景事実を、以下に少し説明しておきたい。

■略奪美術品・文化財の返還をめぐる最近の動向

博物館・美術館は盗品・略奪品の収蔵庫？

大英博物館は、1753年、イギリスの医学者ハンス・スローン卿がカリブ旅行などで集めた古美術、自然科学標本その他の大コレクションを国家が買い上げたことを契機に設立され、その後にエジプト遠征中のナポレオン軍から奪ったロゼッタ・ストーンを含む古代エジプト、ギリシャ、ローマの美術工芸品、オスマン帝国の統治下のアテネから持ち帰ったパルテノン神殿の彫刻群などの至宝が加わり、さらにエジプト、メソポタミアで王墓の発掘調査をした出土品、埋蔵品なども収蔵された。これらはもちろん、大英博物館が合法的に購入したり寄贈を受けたりしたものだが、その来歴をさかのぼれば、略奪されたり盗掘されたりした過去を持つものが少なくない。現在は略奪品や盗品を取得しないための厳重な調査方法が確立しているが、20世紀前半頃までは文化財の来歴等に関する情報獲得手段が限られていたし、戦利品や植民地における貢物はそもそも「略奪品」とされていなかったのだ。こうした収蔵品が多い点は、1793年に開館したルーブル美術館やこれを手本に設立された欧米の多くの美術館・博物館も同じである。このため、欧米の美術館・博物館は、「帝国主義時代における略奪品の収蔵庫」などと揶揄されてきた。

ナチス略奪品の返還をめぐって

最近の欧米諸国の間では、略奪された文化財や美術品を被害者や原所有国に戻そうとする動きが広がっている。その発端は、第二次世界大戦中にナチスがユダヤ人から略奪した美術品の返還問題に関する欧米各国の対応の変化である。既に紹介したように、1998年、世界各地44か国の政府は、「各国はナチス略奪品の被害者やその遺族に返還するための制度や仕組みを設けるべく努力すること」などを「ワシントン原則」により合意した。これを契機に、欧米各国は、既存の法律の枠組みを超えて、道徳的な見地から被害者遺族の権利を守るための法制度を新たに設けた。2000年2月にイギリス政府が前述の略奪審査会を設置したのはこの一環である。

この事件において、大英博物館がフェルドマン博士の遺族に絵画を返還することに決めたのは、こうした流れに沿った当然の対応だった。しかし、当時の大英博物館法は、この問題に対処するための規定がまだ設けられていなかったため、絵画を返却することができなかったのである。

「ベニン・ブロンズ」をめぐる問題

２０２０年代に入ってから、欧米の美術館・博物館では、19世紀にアフリカの植民地から持ち帰った美術品や文化財を原産地国に返還する動きが加速している。２０２１年11月、フランスは旧植民地である西アフリカのダホメ王国（現ベナン）から持ち帰ったパリの美術館の収蔵品26点をベナン政府に返還した。これを皮切りに、同じ年、ドイツのベルリン民族学博物館は、19世紀にイギリス軍兵士が略奪したとされる「ベニン・ブロンズ」のナイジェリアへの返還を決めた。「ベニン・ブロンズ」《口絵03》とは、12世紀以降にナイジェリア南部を支配していたベニン王国の王族が所有していたアフリカ原産の美術品、工芸品の総称で、19世紀末にイギリス軍が王国を滅ぼして同地が植民地になった際に大量に欧米に持ち込まれ、各国の美術館はオークションなどで購入して所蔵している。イギリスでも、２０２１年にケンブリッジ大学ジーザス・カレッジ、２０２２年にはロンドンのホーニマン博物館が、それぞれナイジェリアに「ベニン・ブロンズ」を返還し、さらにスコットランドのアバディーン大学、オックスフォード大学附属のピッツ・リバーズ博物館とアシュモレアン美術館、ケンブリッジ大学考古学人類学博物館も返還を発表した。

大英博物館の対応は？

９００点を超える大量の「ベニン・ブロンズ」を収蔵している大英博物館は、２０２１年10月以降、その返還を求めてきたナイジェリア政府と前向きな協議を続けているが、事実関係の調査、確認に時間がかかっており、今のところ、返還の合意に至っていない。これまでの大英博物館は、パルテノン神殿の大理石彫像群、ロゼッタ・ストーン、イースター島のモアイ像などの重要な収蔵品の返還要求を受けたときは、収蔵品の処分を禁ずる大英博物館法を根拠に拒絶してきた。しかし、２０２２年、前述したチャリティ法の改正により、国立博物館の収蔵品であっても「倫理的な必要」があるときは返却することを可能にする制度ができた。これを受け、ようやく大英博物館も重い腰を上げ、返還を求める国の政府と、円満な解決に向けた話合いを始めている。

帝国主義・植民地主義の時代に世界一のコレクションを築き上げた大英博物館は、大きな転換期を迎えている。

高知県立美術館は贋作の購入を防げたのか？

●2024年7月、四国の2つの県立美術館が所蔵している名画2点に贋作の疑いが浮上した。一つは、高知県立美術館が1996年に購入したドイツ表現主義の画家ハインリヒ・カンペンドンク（1889年〜1957年）作の油彩画「少女と白鳥」（1919年）だ。1995年にクリスティーズのオークションでこれを落札した名古屋の画商から1800万円で購入したものだ。もう一つは、徳島県立近代美術館が1999年に6720万円で購入したフランスのキュビスムの画家ジャン・メッツァンジェ（1889年〜1957年）の油彩画「自転車乗り」（1912年）である。どちらも、ドイツの天才贋作師、ウォルフガング・ベルトラッキが描いた贋作の可能性が高い。

●ベルトラッキは、カンペンドンク、マックス・エルンストなど著名画家の作風を真似た贋作を何百枚も描き、彼の妻ヘレーネがオークションに出して売りさばいていた。彼らの犯罪は2010年に発覚し、翌年、ベルトラッキは禁固6年、ヘレーネは4年の有罪判決をケルンの裁判所から受けている。実は、ベルトラッキは「少女と白鳥」や「自転車乗り」も贋作であることをこの裁判の頃から認めていたようだ。

●公立美術館が贋作を購入すると、公費が無駄になるうえ、真作と信じて鑑賞した多くの市民、研究者を欺くことになる。では、美術館は、作品を購入する際に注意していれば、贋作と見抜くことができたのだろうか。この2点の絵に関して、それは不可能に近い。「自転車乗り」は、キュビスム美術史家の鑑定書付だったし、「少女と白鳥」の方は、クリスティーズで落札した画商が提示したオークション・カタログに「カンペンドンク研究者アンドレア・フィルメニッヒが真作と確認」と明記されていたのだ。一流の専門家が真作と認める絵画を日本の美術館が贋作と判断をすることなどできないし、購入前の作品を外部の専門機関にいちいち鑑定に出して真贋を調べるのは非現実的だ。

●ただし、美術館は購入前にできたことが一つある。作品の来歴の事前調査である。来歴調査とは、購入予定の作品がどのような経緯で現在の売主に渡ったのかを調べ、それが盗難、略奪、不法輸入等の対象になっていないかを確認する作業のことで、現行のICOM職業倫理規程は博物館・美術館の義務と定めている。「少女と白鳥」が出品されたクリスティーズのカタログは、その来歴を「ケルンの画商フレヒトハイムが、1933年にヘレーネ・ベルトラッキの祖父ベルナー・イエガーに売却」と記していた。クリスティーズが出品者ヘレーネから聞いた、「ユダヤ人の画商フレヒトハイムが、ナチスの迫害を避けてパリに逃亡する直前、コレクションのほとんどを祖父イエガーに売却した」との話を鵜呑みにしたものだ。しかし、イエガーは当時、ユダヤ人画商より34歳年下、20歳になりたての若者のうえ、彼自身ナチス党員だった。

●高知県立美術館がカタログ記載の来歴の真偽を問い合わせてこの事実を突き止めていたら、ヘレーネの話は胡散臭いこと、仮に真実ならば、絵画はナチス略奪品の疑いがあることに気づき、購入を見合わせていたかもしれない。作品の来歴調査は、盗品・略奪品だけではなく、贋作の購入を予防する効果もあるのだ。

事件 07

ロンドン自然史博物館が収蔵していたタスマニア先住民17人の遺骨

タスマニア先住民協会対ロンドン自然史博物館（イギリス）

■事件の経緯

タスマニア先住民の遺骨

オーストラリア大陸の南方にあるタスマニア島とその周辺の島嶼（とうしょ）には、大陸の先住民族とは文化的にも生物学的にも異なるタスマニア民族が暮らしていた。しかし、19世紀初めにヨーロッパ人が入植した後、かつては数千人いたタスマニア先住民の人口が激減し、１８７０年代中に純血タスマニア人はほとんどいなくなった。ただし、先住民族の血を引く人々は今もこの地で独自のコミュニティーを形成している。

19世紀の中頃まで、純血タスマニア人の遺骨は、文化人類学上の研究材料として数多く収集され、オーストラリアや欧米各国の博物館や大学に収蔵されていた。しかし、１９７０年代に入り、世界各地の先住民族が連携してそれぞれの権利と文化の保護を求める機運が高まると、タスマニア人の子孫たちから、遺骨をきちんと埋葬すべきであるとの声が挙がり、１９７３年にタスマニア先住民の権利と文化を守るための機関としてタスマニア先住民協会（Tasmanian Aboriginal Centre）が設置された。タスマニア人の子孫たちのために、遺骨を収蔵している国内外の博物館等を探し出してその返還を求めることなどを目的とする機関である。

こうした動きを受け、オーストラリアの政府や議会もそれまでの「白豪主義」を改め、多様な文化を尊重して保護する政策をとるようになり、１９７５年にタスマニア先住民の文化遺産を守るための法律、さらに１９８４年にはオーストラリア国内の博物館に収蔵されているタスマニア人の遺骨を子孫に返却して埋葬すべきことを定める法律が制定された。[†10]

イギリス側はタスマニア先住民協会からの遺骨返還要求を断る

ロンドン自然史博物館は、１８８１年に大英博物館から分館して設立された生物学と地学に特化した博物館である。この博物館は、タスマニア先住民の子供１人を含む17人の遺骨を、大英博物館から引き継いで収蔵していた。

１９８０年代から今世紀の初め頃までにかけて、タスマニア先住民協会はロンドン自然史博物館に対し、数度にわたりこれら遺骨の引渡しを求めた。しかし、自然史博物館は「イギリスの法制度上、返却できない」との理由でこの要求を断っていた。大英博物館の分館である自然史博物館に適用される、当時の大英博物館法により、収蔵品の処分は、「収蔵品として不適切であり、かつ放出しても学生や研究者の利益を損なわないこと」などの一定の例外にあたる場合を除き、許されていないからだ。当時のイギリスの政府も、「タスマニア人の遺骨は、人類の進化の歴史を知るうえで重要な研究資料である」として、自然史博物館の対応を支持していた。

イギリス政府の政策転換

しかし、1997年にトニー・ブレア首相の労働党政権が誕生してから、先住民の遺骨返還問題に対する政府の方針に変化が生じた。イギリスが1998年に加入を決めた欧州人権条約は、締約国に対し、自国民だけではなく全世界の市民の人権を保障する義務を課しているので、他国の先住民の権利も自国民と同様に保護する必要がある。2000年7月、ブレア首相は、オーストラリアの首相との共同声明により、オーストラリア先住民の遺骨返還のために必要な方策をとるべく努力することを宣言した。

2004年、イギリス議会は、「人体組織法」を制定した。[†11] この法律は、死後100年未満の遺骨の保管や生体検査等を許可なく行うことを禁ずるとともに、大英博物館、自然史博物館を含む国立博物館が収蔵する遺骨で死後1000年未満のものは、その博物館が適当と判断したときは遺族に引き渡してもよいことにした。これにより、大英博物館法による収蔵品の処分の禁止は、遺骨を返却する場合に限り緩和されることになった。

その翌年、イギリス政府は、博物館が遺骨を返還する際の基準と手続きを定めるガイドラインを公表している。

ロンドン自然史博物館は「遺骨の生体検査をしてから返す」と申し出る

2006年11月、ロンドン自然史博物館は、政府が定めたガイドラインに従ってタスマニア先住民17人の遺骨をタスマニア先住民協会に返すことを表明した。ただし、返還前の2007年3月に遺骨からDNAを採取し、さらに骨の一部の化学分析、スキャンや写真撮影を含む生体検査を行うと発表した。

しかし、この生体検査は、タスマニア人たちにとって受入れがたいものだった。彼らの慣習上、埋葬前の遺体を傷つける行為は許されないからだ。タスマニア先住民協会は、自然史博物館に対して生体検査の中止を申し入れるとともに、遺骨に対する生体検査を止めさせて直ちに引渡しを求めるための訴訟をロンドンの高等法院に提起することにした。

■裁判

遺骨の引渡しを求める法律上の根拠があるのか

タスマニア先住民協会がイギリスで裁判を起こして遺骨の生体検査を禁止してその引渡しを求めるには、裁判所にそのような請求に法的根拠があることを示さなければならない。これは、この事件の原告にとって大きなハードルだった。イギリスの法律上、遺体や遺骨は個人に帰属する「財産上の権利」の対象とはされていないので、遺骨の所有権を主張することは誰にもできない。前述したように、オーストラリアには、博物館等によるタスマニア人の遺骨の保管等を禁ずる法律があるが、外国の博物館はこの法律の対象外になっている。また、イギリスで２００４年に制定された人体組織法が生体検査等を禁じているのは、１００年未満の遺骨に限られるので、１５０年以上前に亡くなったタスマニア人の遺骨には適用されない。

そこで原告タスマニア先住民協会は、オーストラリアの判例法上の権利を根拠として、被告自然史博物館による生体検査を禁ずるように求めることにした。オーストラリアの裁判所は、遺骨を埋葬する資格がある遺族が、他人から遺骨を取り戻したり損傷を防いだりする権限を、「所有権に類似する財産権」として認めているからだ。ただし、イギリスの裁判所がオーストラリアと同じようにこの権利を認めるかどうか、裁判をやってみなければわからなかった。

イギリスで裁判をするために遺産管理人を任命†12

イギリスの裁判制度上、財産の所有者が死亡した場合、裁判所に遺産管理人の任命を求める必要がある。すなわち、イギリスでは、誰かが亡くなると、まず裁判所が「遺産管理人」を任命し、任命を受けた者が財産や債務を調査し、相続人が誰かを確認したうえで財産を渡すことになっている。この手続きが完了するまでの間、イギリスで遺産に関する訴訟を起こす資格があるのは、裁判所が任命した遺産管理人だけである。そこで、２００７年2月9日、タスマニア先住民協会は、タスマニア州の裁判所に、17人の遺骨の遺産管理人として自らを選任することを求める申立てを行った。

この申立てを受けたタスマニア州裁判所は、「現状において遺骨の埋葬に関する権限に関しては、タスマニア先住民協会が遺産管理人として最適任である」と判断し、直ちに先住民協会を遺骨の遺産管理人に任命すると決定し、イギリスで訴訟を提起する資格を与えたのである。

生体検査を禁ずる保全処分は認められる

原告タスマニア先住民協会は、遺産管理人に任命された2日後、被告自然史博物館に対し、タスマニア人17人の遺骨の生体検査をやめて直ちに引き渡すことを求める裁判をロンドン高等法院に提起した。これと同時に、この裁判の判決があるまでの間、遺骨の生体検査を禁ずることを命ずる保全処分の申立てを行った。この保全処分は、判決が出るより前に被告自然史博物館が生体検査等をしてしまうと裁判で勝訴しても無意味になるので、それまでの間、暫定的に生体検査を禁ずる判決が出た場合と同じ状態にしておくための手続きである。

２００７年2月18日、ロンドン高等法院は、原告タスマニア先住民協会が申し立てた保全処分の必要性を認め、被告自然史博物館に対し、「正式な裁判の判決があるまでは、レントゲン検査や写真撮影のように遺骨を物理的に傷つけない検査を除く生体検査をしてはならない」と命じた。

裁判所の勧めに従い調停によって解決

正式な裁判における審理に先立ち、裁判所は両当事者に対して調停を勧めた。調停とは、紛争当事者が合意のうえで選んだ中立的な第三者が両者の間に入り、その進行のもとで双方がお互いの意見や事情を聞き合い、共通の意見や利益を見つけ出すことにより紛争を解決する仕組みのことである。原告先住民協会と被告自然史博物館は、裁判所の勧めに従って調停を行うことにした。

2007年4月24日、被告自然史博物館は、生体検査の必要がないと判断した4人の遺骨を先に返却し、残りの13人分について話合いを始めた。その年の5月、原告タスマニア先住民協会は、被告自然史博物館が13人の遺骨の返還前にそれらからDNAを採取することに限っては同意することにした。ただし、遺骨の引渡しとともに、DNA鑑定結果などの検査結果に関する資料を原告に提供することを条件とした。5月14日、この調停の条件に従って13人の遺骨はタスマニアに返却され、墓地に埋葬された。

■事件の評価

人道的な判断を尊重すべき問題は法律に縛られない解決の方が望ましい

調停は、第三者（調停人）に間に入ってもらい、その進行のもとに当事者間で話合いをして紛争を解決する手続きである。調停人は裁判官のような判決を下したりはせず、両当事者による和解の補佐をするに過ぎない。双方から意見や事情を聞きながらそれぞれの言い分の根底にある真の関心事を探り出し、両方の利益を満たす解決策を見つける手助けをするのである。この事件において、原告タスマニア先住民協会の目的は遺骨を傷つけずに返してもらうこと、被告自然史博物館の目的はタスマニア先住民の遺骨から人類の進歩に貢献する情報を残しておくことだったが、調停を通じて、遺骨のDNAの分析がその子孫を探し出すうえで役に立つという点で原告の利益にもつながることがわかったので、両者の妥協点が見つかって調停が成立したようだ。

では、この事件の両当事者が調停を選択せずに訴訟を続けていたとしたら、どうなっていただろうか。おそらくは双方に膨大な訴訟費用がかかり、解決までの数年の間、遺骨は返されず、生体検査もできない状態が続いただろう。また、最終的な結論として、イギリスの裁判所は、原告タスマニア先住民協会の請求を認めない可能性が高かった。「所有権に類似する財産権」というオーストラリアの裁判例を法的根拠にする遺骨の引渡請求は、イギリスの裁判所では認められていないからだ。しかし、この結論は、原告被告の双方にとって望ましいものではなかったはずだ。原告タスマニア先住民協会は遺骨を取り戻せないし、被告自然史博物館の側は、「タスマニア先住民に対する遺骨の返還を拒絶した博物館」として人道的な見地からの非難に晒される。イギリス政府としても、オーストラリア政府との約束を国立の自然史博物館と裁判所が破ったことになり、面目丸つぶれである。この事件は元々、裁判所の判決を得る方法では解決できなかったのだ。

このように、法律による解決よりも人道的な見地からの解決を重視すべき事件の紛争では、裁判よりも調停の方が望ましい。近年は、このような事件では、裁判以外の方法による紛争解決手段（ＡＤＲ）

として、調停を用いる例が増えている。

■タスマニア先住民、トルガニーニの生涯

トルガニーニ（1812年〜1874年）は、「最後のタスマニア先住民」という呼び名で、オーストラリア国民の誰もが知っている女性である。彼女は、1812年にタスマニア島の南隣りに位置するブルーニー島の部族の長の娘として生まれた。ブルーニー島の植民地化は、1820年代に急速に進み、入植者と原住民との争いが絶えなくなる。1828年、タスマニア統治のためにイギリスから派遣されたジョージ・アーサー大尉が、治安維持のために先住民の殺害を容認する内容の戒厳令を宣告したことから、入植者たちによる先住民の虐殺が始まった。トルガニーニが15歳のときである。その翌年、彼女の母親と伯父と婚約者はイギリス人に殺され、姉2人は奴隷として連れ去られた。

この虐殺の中で辛うじて生き延びたトルガニーニは、翌1829年、タスマニアの護民官としてこの地を訪れたジョージ・ロビンソンに出会う。「護民官」の使命は、〝哀れな〟先住民たちをキリスト教徒に改宗させることである。この目的のため、ロビンソンは、タスマニア人をタスマニア島の北東にあるフリンダース島に集め、そこでキリスト教徒らしい生活様式を教え込もうとしていた。トルガニーニは、生きていくための便法として、ロビンソンの助手として働くことにした。英語を話せるとともに様々な部族の言語にも精通している彼女は、ロビンソンの通訳を務めただけではなく、自らも諸部族を訪ねて

回り、フリンダース島への移住を説得した。大量虐殺が続く地獄のような状況の中で先住民の命を守るにはそれが最善の策だったからだ。実際、その後に入植者と先住民の間の内戦が激化し、移住しなかったタスマニア人のほとんどは殺されている。

トルガニーニの働きにより、1835年までに300人から400人くらいのタスマニア人がフリンダース島に集まったが、故郷への思いが募るばかりで、キリスト教徒に改宗させる目論見は失敗に終わった。その後、原因不明の疫病が蔓延し、多くの移住者が亡くなった。

ロビンソンは、1839年、トルガニーニと他の14人のタスマニア人をオーストラリア大陸南部に連れて行った。しかし、大陸に移ったトルガニーニには、もはやロビンソンに協力する気は失せていた。2年後、彼女は、他のタスマニア人たちを連れてロビンソンのもとを離れた。

その後のトルガニーニたちは、武器を手に入れて食料や生活用品を強奪するなど、ゲリラ戦士のような生活を続けたが、男性2人がオーストラリア人を撃ち殺すという事件が起きたため、全員が逮捕された。裁判の結果、男性2人は絞首刑となり、トルガニーニたちはフリンダース島に送り返される。彼女は、1847年にはタスマニア島南部のケープ・コウブに移住してタスマニア人の文化を守りながら暮らし、1874年に63歳で亡くなった。

しかし、トルガニーニは死後も安住が許されなかった。いったんは埋葬された彼女の遺体は、1878年に掘り出されてタスマニア博物館に収蔵され、ガラスケースに入れて「最後のタスマニア先住民」として展示されたのだ。博物館は1975年に遺骨の収蔵を断念し、彼女は再び埋葬された。ところが、

2002年、トルガニーニの名が再び世間を賑わす。彼女の頭髪と皮膚組織がイギリス王立外科医師会に保管されていることが判明したのだ。医師会は、これを知った後、これらをタスマニア先住民協会に返却している。

収蔵品を元の持ち主に返却した博物館のその後

●20世紀半ばまでに誕生した欧米の博物館は、アジア、アフリカ、中南米、オセアニアなどの入植地から集めてきた宝物や珍品、珍しい動植物などを自国民に展示公開するために設けられた、いわば「植民地主義遺産」の一つといえる。1887年にマンチェスター大学付属施設として設立されたマンチェスター博物館もそのような博物館で、エジプト、スーダンや中南米、オーストラリア先住民の文化財を数多く収蔵している。

●2023年9月、マンチェスター博物館は、オーストラリアのグルート島の先住民（アニンディリャクワ）に関する174個の収蔵品を元所有者らの子孫に無償・無条件で返却した。これらは、貝殻を加工した人形、亀の甲羅の地図などの日用品や玩具などで、持ち主から不当に奪われた後、1950年代にマンチェスター大学の研究生が買い取って博物館のコレクションに加えたものだった。マンチェスター大学では、これらの引渡しの際、先住民の子孫を招聘して盛大なセレモニーが行われた。

●【事件07】で紹介したように、最近、植民地主義時代の略奪品の被害者への返却に関する方針を決める美術館・博物館が増えている。しかし、マンチェスター博物館のように、実際にこれを実行するのはそれほど容易ではない。このためには、個々の収蔵品について誰がどのような経緯で手放したのか、その子孫がいるのかどうかなどを調査のうえ、子孫は返却を望んでいるのか、返却後にどのようにして管理をするのかなども確認しなければならないからだ。公共の利益のために美術品や文化資料を保管してきた美術館・博物館としては、その責任上、それらを管理していく意思や能力がない相手にむやみに引き渡すわけにはいかないのだ。

●この点に関し、マンチェスター博物館は、オーストラリアの国家機関であるオーストラリア先住民研究所（AIATSIS）との間で、2020年に文化財返還プロジェクトを立ち上げ、共同でこの調査確認作業に取り組んできた。このプロジェクトにより、文献等の情報交換だけではなく、博物館職員がグルート島先住民の部落を訪ねて直接話を聞いたり住民を博物館に招いて収蔵品を見分してもらったりなどの人的な交流も行い、個々の収蔵品の元所有者の遺族をつきとめてその意向を確認したのである。こうした作業を通じて、個々の玩具や道具がどのようにして作られ、誰がどのようにして使ったのかなどの歴史的経緯も明らかになった。マンチェスター博物館では、返却後もグルート島先住民を招いてグルート島民の文化に関するセミナーや伝統的な玩具を制作するワークショップを開いたり、現地の現代アーティストによる展覧会を開いたりなど、それまで以上の交流を続けている。

●これまで世界各地にある有形文化財の収集・保管庫としての機能を果たしていたマンチェスター博物館は、収蔵品を原産地に戻した後は、その地の人々とのアクティヴな文化交流を進めながら、地域の人々が多様な有形無形の芸術文化を学ぶための拠点に生まれ変わろうと努力している。

事件 08

琉球王家の墓から持ち去られた遺骨を保管する（？）京都大学総合博物館

琉球先住民遺骨返還請求事件【日本】

■事件の経緯

琉球王国と琉球民族

沖縄は、15世紀初頭まで3つの小国が群雄割拠していたが、1429年、そのうちの一つの国の尚巴志王（しょうはしおう）がこれらを統一し、琉球王国を建国した。その後、何度かの政権交代があったが、沖縄を支配する琉球王国は、1879年に明治政府により日本に併合されるまでの450年間存続していた。

このような歴史的背景もあり、旧琉球王国の領域に住む人々は、他の地域の日本人とは言語、文化、生活習慣などが異なっている。国連の人権委員会は、彼らを「琉球民族」と呼び、北海道のアイヌ民族と同様、日本の「先住民族」と位置付けている。ただし、日本政府はこのことを認めていない。

今帰仁村の百按司墓

沖縄本島の名護市の北に位置する今帰仁村には、百按司墓という王家の墳墓がある。崖の中腹の洞窟に作られたこの墓には、琉球王国を建国した王族とこれに協力した豪族・貴族たちの遺骨が埋葬されていて、沖縄に住む人々の聖地の一つとなっている。

この墳墓は、1994年に今帰仁村の文化財に指定され、2000年には、ユネスコ世界遺産「琉球王国のグスク及び関連遺跡群」の一つに選ばれている。

琉球王家の墓から人類学者が持ち去った遺骨

20世紀初頭、人の頭蓋骨などから民族のルーツを探る研究が西欧の人類学者の間で流行し、日本の大学でもアイヌや琉球の人々の骨格研究が盛んに行われた。

1929年、京都帝国大学（現在の京都大学）の医学部助教授だった金関丈夫は、この研究資料を収集するために沖縄へ行き、今帰仁村の百按司墓を採掘し、頭蓋骨を含む数多くの人骨を収集して京都帝国大学に持ち帰った。この採掘は、沖縄警察の許可を得て行い、沖縄県庁職員も協力していた。さらにその4年後、京都帝国大学の別の研究者も奄美大島や沖縄で数十体分の人骨を収集している。

これらの人骨の一部は、金関氏が台北帝国大学（現在の国立台湾大学）に転任した際に台湾に持ち出されたが、その残りはすべて京都大学総合博物館の収蔵室内に研究資料として保管された。収蔵室内は、温度湿度が一定に保たれ、害虫予防の措置がとられ、セキュリティシステムを利用して常に施錠されている。

琉球新報のスクープ、議員の国政調査を経て京大は遺骨の収蔵を認める

２００１年、今帰仁村の教育委員会は、その前年にユネスコ世界遺産に登録された百按司墓の調査をした際、過去に墳墓内の遺骨の一部が京都大学の研究者によって持ち出された事実に気づき、京都大学に協議を申し入れたが、大学側は応じなかった。その後、この件はうやむやになってしまった。

しかし、２０１７年になって、沖縄の地方紙『琉球新報』の記者がこの問題を嗅ぎ付け、2月16日付の新聞に「京大に琉球人骨26体」との見出しでスクープ記事を載せた。沖縄出身の龍谷大学教授、松島泰勝氏は、この記事の真否を確認するため、その年の5月、京都大学総合博物館に遺骨の標本利用を申請したが、大学側はこれを許可しなかった。

同じ年の8月、沖縄出身の国会議員、照屋寛徳氏は、国政調査権に基づき、文部科学省に対し、京都大学への照会を求めたところ、京都大学はこれに応じ、「百按司墓から発掘した26体の遺骨を京都大学総合博物館が保管している」と文部科学省に回答した。京都大学が琉球王族らの墳墓にあった遺骨を保持している事実が、ようやく公になったのである。

琉球王家の子孫たちによる訴訟の提起

百按司墓の埋葬者の末裔の中には、この墓の参拝を今も続けている人々が少なくない。初期琉球王族

の子孫である亀谷正子氏と、この王朝に仕えた貴族の子孫である玉城毅氏も、百按司墓を何度も訪れていた。2人は、祖先の墓である百按司墓から遺骨が持ち去られた状態を放置しておけないと考え、京都大学に対し、遺骨26体の引渡しを求める訴訟を京都地方裁判所に提起した。琉球出身者としてこの問題に関心を持ってきた、松島泰勝教授、照屋寛徳議員と彫刻家の金城実氏もこの裁判の原告に加わっている。

■裁判[†13]

遺骨を取り戻すには「祖先の祭祀を主宰する者」であることの証明が必要

被告京都大学から遺骨を取り戻そうとする原告らにとって、遺骨の引渡しを請求する法的根拠をどうやって示すかが大きな課題となった。裁判で物品の引渡しを求める場合、通常であれば、原告はそれを購入または相続して所有者になったことを証明すれば、所有権に基づいて引渡しを請求できる。しかし、遺骨の場合はそうはいかないのである。日本の民法は、墳墓の所有権は、「慣習に従って祖先の祭祀を主宰すべき者（祭祀主宰者）」が承継すると定めているからだ（民法897条）。墳墓に埋葬される遺骨もこの規定の適用を受け、遺骨の引渡しを求める権利があるのは「祭祀主宰者」だけとされている。「祭祀主宰者」とは、家族の祖先の墓地を管理し、家族から死者が出たときは自らの責任で葬儀や供養を執り行う者のことだ。日本の多くの地域では、お墓は家ごとに設けられ、その家族を代表する者が代々にわたりこれを引き継いでいく。そして、その家の長男が家族を代表する者の役割を担うのが、明治以降の一般的な慣習となっている。民法はこれを前提に、「慣習に従って祖先の祭祀を主宰すべき者（祭祀主宰者）」、すなわち、家族の墓を守るべき者（長男が多い）が、墳墓や遺骨を所有することにしているのである。しかし、沖縄には、そもそも家族ごとにお墓を設けるという慣習が存在しない。琉球の社会では、一定の範囲の親族が数十世帯単位の村落を形成し、村落全体の墓を造って共同で管理して拝んでいる。原告らは、「琉球の慣習では、墳墓を管理する『祭祀主宰者』は特定の個人ではなく、埋葬者の末裔ら全員と、その墓を畏敬・追慕の念を抱いて拝んできたその他の人々である」と裁判所に説明し、「原告亀谷正子氏と玉城毅氏は百按司墓の埋葬者の末裔であり、またその他の原告は百按司墓を拝んできた者なので、いずれも『祭祀主宰者』にあたり、遺骨の所有権に基づく引渡しを求める権利がある」と主張した。

百按司墓を拝んだことや祀られた王族の子孫であることだけでは祭祀主宰者とはいえない

しかし、裁判所はこの言い分を認めず、「不特定多数の者を民法上の『祭祀主宰者』と解することはできない」と述べた。民法が墳墓や遺骨の所有者を「祭祀主宰者」に限っているのは、埋葬の管理者や祭祀供養の責任者を明確にして、墓地や遺骨の散逸や放置を防ぐためだからだ。

そして、原告亀谷氏と玉城氏が埋葬者の子孫であるとしても、「他にも百按司墓を拝む子孫は多数存在する中、この2人だけを祭祀主宰者とすることが全員の総意であるとは認められない」として、2人の請求もしりぞけた。

百按司墓から無断で持ち出した遺骨を返還しないのは違法な行為ではない？

原告らは、「被告京都大学が遺骨を返還せずにずさんな管理を続けることにより、原告らは、祖先を悼む権利、琉球民族としての尊厳を傷つけられ、精神的苦痛を被っている」と主張し、被告京都大学に対して損害賠償も請求していた。

しかし、裁判所は、「大学の総合博物館は遺骨の劣化や散逸を防ぐ手立てを講じており、学術資料的・文化的価値がある遺骨を守るために大学が保管するという目的は不当とは言い切れない」とし、「墓内には他にも遺骨が残っていることなどを考慮すれば、被告京都大学が遺骨を返還せずに保管することにより、原告らの利益や尊厳が違法に侵害されたとまではいえない」と判断した。

結論

以上の理由で、２０２２年４月、京都地方裁判所は、原告らの遺骨引渡請求と損害賠償請求を認めなかった。２０２３年９月、大阪高等裁判所もこれと同じ判断をし、原告らの上訴をしりぞけた。ただし、大阪高裁の判決は、「訴訟による解決には限界がある。今後、関係者で話し合い、適切な解決への道を探ることが望まれる」と付言している。

■事件の評価

遺骨の返還請求の問題の法的解決には限界がある

20世紀の後半以降、アメリカ、カナダ、オーストラリアその他西欧諸国の博物館や大学は、先住民族の権利と文化の保護を求める機運の高揚を受け、それまで研究目的で収集・収蔵してきた先住民族の遺骨を遺族に返還するための法制度を整備し、遺族への返却を進めている。さらに、2007年に国際連合が採択した「先住民の権利に関する国際連合宣言」は、第12条において、先住民族は精神的、宗教的伝統、慣習、儀式を行う権利や遺骨の返還に対する権利を有すると定め、国家に対し、遺骨の返還を可能にするように努める義務を課した。日本政府もこれに賛成している。

こうした情勢の中、日本の大学や博物館だけが、人類学上の研究を理由に、墳墓から発掘した琉球やアイヌの人々の遺骨を保管し続けることは許されない。この事件を審理した裁判官たちも本音としてはそのように考えていた。控訴審である大阪高裁において、日本人類学会は「遺骨は将来にわたり大学に保存継承され研究に供されるべきである」との要望書を裁判所に提出したが、判決は、裁判官の個人的意見として、「そのような要望に重きを置くことはできない」とこれを批判し、「持ち出された遺骨はふるさとに帰るべきである」と述べている。

問題は、遺骨の返却を認めるための仕組みと法制度が日本に存在しない点だ。現在の日本の民法上、遺骨の所有者は、慣習に従って決められた「祭祀主宰者」に限られているが、沖縄の慣習上そのような者は存在しないし、数百年前に埋葬されたご遺体の「祭祀主宰者」を、今頃になって選ぶこともできない。つまり、日本の民法は、琉球のような、家単位のお墓を持たない慣習の存在を想定していないため、百按司墓から持ち出された遺骨を誰に返却すればよいのかを決めることができないのである。

実は、これと同じ問題は、一足先に、大学や博物館に収蔵されているアイヌの人々の遺骨について生じていた。しかし、こちらに関しては、不完全ながらもアイヌを先住民族と認める法律が制定され、政府により、遺骨の返還のための方針と手続きを定める一応のガイドラインが設けられたので、少なくとも、「大学や博物館が遺骨を研究目的で持ち続ける」という、遺族にとって耐えがたい状態は解消されつつある。この経緯は、以下に説明する。

琉球の遺骨に関しても、政府や議会ができるだけ早く同じような解決策を決めることが望まれる。それまでの間、京都大学や琉球の人々の遺骨を現に保管しているその他の大学や博物館は、遺骨の劣化や散逸を防ぐための手段を講ずるとともに、琉球民族の風習や文化を尊重し、これを損なわないような体制で保管を続けるべきだろう。

■アイヌ遺骨返還問題の推移と現在

明治以降、虐げられてきたアイヌ民族

国連人権委員会は、琉球民族とともに、北海道のアイヌ民族を「日本の先住民族」と呼んでいる。古くから日本列島北部で生活していたアイヌの人々は独自の言語を持ち、その文化や生活習慣もいわゆる大和民族とは異なっている。アイヌの生活は家族単位ではなく、同じ地域に住む数十人から百数十人で形成された、「コタン」と呼ばれる集落を単位とし、その地域の森や河川などを共同で利用して、狩猟採取を中心とする生活をしていた。冠婚葬祭の儀式や行事も集落全体で行う。

しかし、明治以降に大和民族が北海道に移住し開墾を始めたため、アイヌの生活基盤である自然環境が失われていった。1899年、明治政府は、アイヌ保護という名目で「北海道旧土人保護法」を制定し、アイヌの人々を大和民族の生活習慣に同化させる政策をとる。アイヌ語、アイヌ文化、狩猟中心の生活様式などが禁じられたため、アイヌの人々はアイデンティティーを奪われ、多くの「コタン」が崩壊していった。

20世紀後半に世界各国の先住民族が権利と文化を守るための運動を始めると、日本でもアイヌの文化を保護しようとの機運が生まれた。1997年、アイヌ同化政策の根拠となっていた旧土人保護法がようやく廃止されたが、政府はその後もアイヌを先住民族とは認めていなかった。

政府のアイヌ政策の転換

2007年、国連総会は、先住民の権利に関する国連宣言を採択した。先住民に対する差別を禁じ、彼らの制度、文化、伝統を維持・強化する権利を確認するもので、日本もこれに賛成している。その翌年5月に国連人権委員会が日本政府に対し、「アイヌ住民の権利を国連宣言に調和させること」を勧告した。これを受け、２００９年、政府はようやく方針を変え、「アイヌは日本の先住民族」という認識に基づく政策展開を行うことにした。

その後10年の検討を経て、２０１９年、アイヌの人々の誇りが尊重される社会を実現するための政策を進めるため、いわゆる「アイヌ政策推進法」が施行された。[†14] この法律は、アイヌが先住民族であることを明記し、アイヌ文化を振興し、民族としての誇りを尊重する政策を推進することにより、すべての国民が共生する社会の実現に資することを目的としている。

大学によるアイヌ人骨の盗掘と返還請求

20世紀前半、東大、京大を含む多くの大学は、アイヌ民族と大和民族の骨格の違いから民族のルーツを探る人類学上の研究をするため、アイヌの人骨を収集していた。特に、北海道帝国大学（現在の北海道大学）は、１９３０年代から70年代にかけて北海道、千島、樺太のアイヌの墓地を採掘し、合計１０００体を超える遺骨を採集してきた。

２０１２年11月、北海道浦河町に住むアイヌ3名が、北海道大学に対し、その町の墓地から持ちさられた遺骨の引渡しと損害賠償を求めて札幌地方裁判所に訴訟を提起した。さらに２０１４年1月には紋別市の住民たちが遺骨4体の返還を、また、その年の5月には浦幌市のアイヌの人たちの団体である浦幌アイヌ協会が64体の返還を求め、それぞれ提訴した。琉球の人々の遺骨をめぐる裁判に関して説明したように、これらの裁判における原告らの引渡請求が認められるためには、日本の民法上、原告は、引渡しを求めている遺骨に関する「祭祀主宰者」であることを証明しなければならない。琉球民族同様、アイヌ民族には「祭祀主宰者」を定める慣習はないので、原告らが裁判で勝訴するのは困難だった。

しかし、こうした状況の中、2016年、アイヌの人たちと北海道大学は、裁判所の勧告により、和解によって事件を解決することにした。この和解により、両者は、遺骨は原告らにではなく、原告らを含む浦河町のアイヌの方たちが組織した「コタンの会」という団体に引き渡すこと、コタンの会が遺骨を元の墓地に埋葬すること、その埋葬費用は大学が負担することなどを合意し、これを実行した。北海道大学は、アイヌの先住民族としての権利を認める政府の方針に従った解決を選んだのである。

この裁判が終わった後の2018年、政府は「大学が保管するアイヌ遺骨等の出土地域への返還手続に関するガイドライン」を発表した。このガイドラインは、①アイヌ遺骨等を保管している大学はそれが発掘された墓地の地域のアイヌの人々を構成員とする地域団体に返還すること、②その団体が遺骨の埋葬を行うこと、③埋葬費用は原則として大学が負担すること、④埋葬先や受取先が決まらない遺骨は、政府が設ける慰霊施設に集約することなどを定めている。こうして、民法上の「祭祀主宰者」がいない遺骨も、それが発掘された地域のアイヌの方たちが中心となって地域団体を組織したときは、この団体に引き渡して元の墓地に埋葬することができるようになった。

2020年、政府は、北海道の白老町に、国立アイヌ民族博物館を含む「民族共生の象徴となる空間」となる施設（通称ウポポイ）を開設し、その敷地内にアイヌの遺骨を保管し慰霊行事を行うための施設を設けた。各大学や博物館にあった遺骨のうち、まだ返却先が決まらないものをここに集約させるためである。この慰霊施設には、２０２３年にオーストラリア博物館から返還を受けたアイヌ人骨など、海外の大学や博物館から返還された遺骨も収められ、アイヌの地域団体から返還の申請があり次第引渡しができる体勢を整えている。

スミソニアン国立自然史博物館の決断

●【事件07】の被告となったロンドン自然史博物館、フランス革命後の1793年に生まれたパリの国立自然史博物館、それに1858年にスミソニアン協会がワシントンDCに設立したスミソニアン博物館の一つである国立自然史博物館は、世界三大自然史博物館と呼ばれている。帝国主義、植民地主義、白人至上主義の時代の産物であるこれら自然史博物館も、1980年代以降、人種問題に配慮した展示、収集方針への転換を図っている。このうち最も早くからこの問題に取り組み始めたのは、スミソニアン国立自然史博物館だ。

●2004年、自然史博物館を含む複数のスミソニアン博物館を運営するスミソニアン協会は、国立アメリカ・インディアン博物館を新たに開館した。アメリカ・インディアンの文化資料に特化した世界初の博物館で、ワシントンDCの本館に加え、ニューヨーク市マンハッタンとメリーランド州スートランドにも分館を設けている。実は、スミソニアン協会は、1989年にこの設立を決め、アメリカ合衆国議会はそのための法律を可決していたのだが、保守派の反対により建物建設費の調達が難航したため、開館までに15年かかってしまった。スミソニアン協会は、これと並行し、アフリカ系アメリカ人に特化した博物館の設立も計画し、2016年、世界初のアフリカ系アメリカ人歴史文化博物館を、19番目のスミソニアン博物館としてワシントンDCに開館した。これら2つの博物館では、それまでの白人目線を改め、マイノリティの側の歴史観に立った展示方針をとっているが、それでも、「虐げられてきた歴史を十分に伝えていない」などとの批判の声もある。

●話は違うが、2022年以前にスミソニアン自然史博物館を訪れた方は、西の正面入り口前に設置されていた、第26代大統領セオドア・ルーズベルトの騎馬像を見かけたはずだ。映画「ナイト ミュージアム2」にも登場した、この博物館のシンボルのような銅像だったが、2020年6月、博物館は、この騎馬像を撤去すると発表し、2023年1月にこれを実行した。馬にまたがる大統領が両脇に半裸の黒人と先住民の立像を従えている点が「差別的」と問題視されたためだ。なお、ニューヨーク市の自然史博物館にも同じ騎馬像が設置されていたが、これも2022年に撤去されている。

●このような努力を続けてきたスミソニアン自然史博物館だが、2023年8月、これを台無しにするような恥ずべき事実が明るみになった。この自然史博物館は、20世紀初頭にコレクションに加えた、アメリカ先住民、アフリカ系アメリカ人、フィリピン人など260数体の頭蓋骨と数千点のその他の遺骨をいまだに収蔵し続けているのである。この件を報道したワシントンポスト紙によれば、これら遺骨の大半は、研究者たちが、本人や家族の同意を得ずに非倫理的に収集したもので、埋葬地や墓地から盗掘したものもあるという。

●差別と偏見にあふれた社会に支えられ、そうした社会に貢献することを使命としてきた文化施設が生まれ変わるのは、容易なことではなさそうだ。世界に先駆けて人種問題に取り組んできたスミソニアン博物館すらこのありさまなのだ。

III

美術館・博物館の
現代的課題

今世紀に入り、世界と日本の美術館・博物館は大きな変革期を迎えている。

これらの文化施設は、国や社会の支配層・富裕層の支援により、世界各地の美術品、文化財を集めて保管し、文化水準の高い層の人々に教育と研究の機会を与える役割を果たしてきた。しかし、植民地主義時代の西欧に生まれて世界に広まったこのシステムは、現代社会が重視する多様性（ダイバーシティ）と社会包摂（インクルージョン）、すなわち、国籍、人種、文化、性別、世代、階層や障害の有無にかかわらず、誰もが共生する社会をめざす考え方には適合していないため、これに対応できない美術館・博物館はその存在意義を問われている。特に最近は、リーマンショックやコロナ禍の影響により公的・私的支援が減ったことにより、存続が危ぶまれる施設も出てきた。

また、多様化した社会では、形態よりコンセプト中心の作品、既存の商品や作品を利用したものなど、オリジナルが意味を持たない美術作品や、メディアアート、デジタルアートのようにそもそもオリジナルが存在しない作品が増えてきている。そのため近現代美術館の場合、原作品の保管・展示を念頭に置いた従来の方式でこれらを取り扱うわけにはいかなくなった。美術館・博物館が時代の変化に追いつくには、ハード面、ソフト面双方を見直す必要があるのだ。

ここでは、【事件 09】において、美術館が財政上の理由で収蔵品を処分することができるかどうかが争われたアメリカの事件、【事件 10】と【事件 11】では、美術館による収蔵品や展示品に対する措置が表現の自由を侵害するのかが争われた日本の事件を紹介する。続いて、現代アート作品を展示した美術館が著作権侵害の責任を問われた事件を【事件 12】で、それ以外の現代的課題を【コラム】でとりあげたい。

事件 09

博物館が処分を決めたアメリカの人気画家ノーマン・ロックウェルの傑作

ロックウェル対バークシャー博物館事件［アメリカ］

■事件の経緯

経営難に陥ったバークシャー博物館が決めた再建策

マサチューセッツ州バークシャー郡にあるバークシャー博物館は、1903年、地元の篤志家、ゼナス・クレーン氏の尽力により、当初は隣接する図書館の付属施設として設立され、1932年に制定されたマサチューセッツ州法（バークシャー博物館法）により、「美術品や人文・自然科学上の資料を通じて、市民による芸術、文化、自然科学の研究と教育を支援するための施設」として、独立の博物館になった。4万点を超える収蔵品は、絵画、彫刻等の美術品から化石、鉱石、爬虫類まで多岐に及び、その大半は、創立者であるクレーン氏の購入した美術品やその後に地元有力者が寄贈した品々である。

豊かな自然と歴史、文化があるバークシャー地方は、古くから、紙製品、電化製品等の製造業に加え、観光地としても栄えていたが、1970年代以降の景気後退により産業は衰退し過疎化が進む。このため、バークシャー博物館は、他の多くの公共施設と同様、利用者数と寄付金が激減し経営難に陥った。この状況を打破するため、博物館の経営陣は、チケットの値上げ、助成金の獲得、新規職員の採用凍結、開館時間の短縮等による経費削減その他のあらゆる財政再建策を実施したが、抜本的な解決には至らず、負債は増すばかりだった。2017年、博物館の理事会は、閉館を避けるための最後の手段として、収蔵品の一部を売却して5500万ドルの収入を確保し、これを元に博物館の運営基金を設けることを決定した。これに基づき、博物館は、その収蔵する美術品のうち40点を選び、オークション会社サザビーズにその売却を依頼した。

博物館は芸術家や市民からの寄贈品を勝手に売却してもよいのか?

バークシャー博物館から依頼を受けたサザビーズは、2017年11月に開催するオークションに、まず7点の美術品を出品することにした。これには、アレクサンダー・カルダー、フレデリック・チャーチなどの作品に加え、バークシャー郡に居住していた著名な画家、ノーマン・ロックウェル(1894年~1978年)作の2枚の油彩画、「シャッフルトンの理髪店」(1950年)と「シャフツベリーの鍛冶店」(1940年)も含まれていた。ロックウェル本人が生前に博物館に寄贈したものだ。このうち、特に「シャッフルトンの理髪店」は、ロックウェルの最高傑作といわれ、博物館の至宝の一つだった。

このニュースが発表されるや否や、ロックウェルの遺族である3人の息子たちは、「博物館は、寄贈者の意向を無視している」と抗議し、収蔵品の売却をやめさせることを求める訴訟をマサチューセッツ州地方裁判所に提起した。さらに、博物館友の会の会員、博物館に高額の寄付をしてきた人々、およびバークシャー郡の一部住民も、博物館の決定に反対してこの訴訟の原告に加わった。

アメリカの法制度上、美術館・博物館のような公益を目的とする団体や施設は、その所在する州の政府における法務省の長である州法務長官が監督することになっている。そこで原告らは、マサチューセッツ州法務長官にもこの訴訟に加わることを求めた。

■裁判[†1]

寄贈者や地元の住民には博物館収蔵品の売却を止めさせる資格はない

裁判ではまず、作品の寄贈者であるロックウェルの遺族たちや地元住民らに、この裁判の原告となる資格があるのかどうかが問題となった。

マサチューセッツ州の裁判例が示す法律によれば、公益を目的とする法人が所有している財産が適正に運用されているかどうかを監視する権限を有しているのは州法務長官だけである。[†2]財産の処分や利用方法が公益にかなうかどうかは、一部の市民よりも、州民全体のために活動する州法務長官の方がより客観的で公正な判断をすることができるからだ。裁判所は、この判例法に基づいて、「バークシャー博物館による収蔵品の処分を阻止するための訴訟を提起する権限があるのは州法務長官だけなので、博物館に対する寄贈者、寄付者、友の会の会員、地元住民らには原告となる資格がない」と判断した。

この結論を受けて、マサチューセッツ州法務長官が、ロックウェルの遺族たちや友の会の会員、地元住民らに代わって原告となり、この訴訟を続けることになった。

博物館による収蔵品の処分は公益法人としての法律上の義務に違反するか？

アメリカの法制度上、博物館のような公益を目的とする法人の経営陣は、博物館が所有している財産を、自己や第三者の利益を図るためではなく、公共の利益のためにのみ利用する義務を負っている。このような法律上の義務のことを「忠実義務」という。遺族や住民に代わって原告となった州法務長官は、「被告バークシャー博物館が重要な収蔵品をオークションにより売却する行為は、『美術品等を通じて市民による美術の教育や研究を支援する』という公共の利益を害するので、忠実義務違反のおそれがある」と主張し、売却の差止めを求めた。しかし、裁判所は、①バークシャー博物館は、経営危機を回避するために様々な方策を検討、実施したうえで、最後の手段として収蔵品の一部の売却を決めたこと、②収蔵品を売却して500万ドルの運営基金を作るという計画には合理性があることなどを踏まえ、「被告バークシャー博物館は、公益を目的とする施設として存続するための方法を誠実に検討してこの決定に至ったので、忠実義務に違反しない」と判断した。

結論：裁判所は博物館が収蔵品の一部を処分しても法律には違反しないと判断

原告は、それ以外にも博物館の設立認可規約、州の法律違反などを主張した。しかし、マサチューセッツ州地方裁判所は、「博物館が主要な収蔵品の大半を処分する場合であればともかく、収蔵品の一部の売却を禁ずる法律や規約は存在しない」としてこれらの主張をすべてしりぞけ、２０１７年11月、原告の請求を棄却した。

和解による売却

マサチューセッツ州地方裁判所の判決後、原告州法務長官は、上訴することはせず、被告バークシャー博物館との間で和解をし、収蔵品の売却を認めることにした。ただし、「シャッフルトンの理髪店」に関しては、買主への引渡し前に18か月から24か月間は公開展示することが和解の条件である。この和解に基づき、バークシャー博物館はロックウェル作品を含む22点を２０１８年11月までに売却した。オークションの落札結果は予想を下回ったが、それでも博物館は、５３００万ドルの運営基金を設けることができた。

しかし倫理上は許されなかった

裁判所の判決と和解により、バークシャー博物館による収蔵品の売却が法律に違反しないことが確定した。しかし、美術館や博物館は、法律とは別に、職業倫理上の義務を課されている。バークシャー博物館は、アメリカの美術館・博物館の多くが加盟している美術館長協会の会員なので、この協会が会員向けに定めている倫理規則を遵守する義務を負っているのである。この倫理規則によれば、美術館・博物館が処分できる収蔵品は、「展示・研究価値のないもの、他の収蔵品と重複するもの、盗品・盗掘品・贋作など収蔵が不適切なもの、修復不能の損傷品、その館の使命に沿わないもの、コレクションの洗練化・改善のために放出すべきもの、保存・展示が困難なもの」に限られている。バークシャー博物館が売却した作品は、このどれにも当たらなかった。しかも、倫理規則は、「処分したことによる対価は、新たなコレクションの購入資金にしか使ってはならない」と定めている。倫理規則上の義務は、法律による忠実義務よりもはるかに具体的で厳しいのである。

2018年5月、美術館長協会は、「バークシャー博物館による収蔵品の処分は、倫理規則に違反している」と宣告し、これに制裁を科すことに決定した。[†3] これにより、バークシャー博物館は、その後2年間、美術館長協会の会員である243の美術館・博物館から収蔵品を借り入れること、および他の美術館・博物館と共同で展覧会を開催することが禁じられた。

■事件の評価とその後

アメリカの美術館・博物館は収蔵品の処分を自由に決めてよいわけではない

近年、英米において、美術館・博物館による収蔵品の放出・処分（ディアクセッション）はどのような場合にできるのかが大きな問題になっている。「ディアクセッション」とは、美術館や博物館がその収蔵品リストに記録されている美術資料、文化財資料等をコレクションのリストから抹消することを決定し、これを売却、オークションへの出品、他の美術館等への寄贈、廃棄などの方法で処分することである。美術品や文化財の収集と保管は美術館等の重要な使命だが、収集した資料のすべてを保管し続けるのは物理的に限界があるし、時間の経過によって破損等により無価値になる資料もある。したがって、収蔵資料の処分は、実際には美術館等が誕生した頃から行われていた。

しかし、美術館・博物館は、公益を目的とする施設として設立され、国公立美術館は公的な資金によって設立され運営されているし、それ以外の美術館等も公的補助や税務上の優遇措置を受けている。このような公的資金の補助を受けられるのは、美術館・博物館が「市民に対する美術品・文化財の鑑賞・教育・研究の機会を提供する」という公益を目的とする施設だからである。したがって、美術館・博物館は、購入したり寄贈を受けたりした収蔵品を、こうした目的にかなうように利用する法律上の義務（忠実義務）を負っている。

アメリカでは、各州の法務長官は、州内にある美術館・博物館がこの法律上の義務を守っているかどうかを監督する権限を有し、美術館・博物館による収蔵品の処分が公共の利益に反するおそれがあると判断したときは、この事件のように、裁判所に処分の差止めを求めることもある。

これに加えて、アメリカ、カナダ、メキシコの美術館・博物館の館長によって構成される、美術館長協会は、その倫理規則により、美術館が放出できる収蔵品を①展示・研究価値のないもの、②重複資料、

③盗品等、④贋作、⑤修復不能の損壊をしたもの、⑥美術館等の使命に沿わないもの、⑦コレクションの洗練化・改善のために処分する必要があるもの、⑧保存・展示が困難なものに限定し、さらに売却の対価を、新たな作品の取得またはコレクションの修復費や保存用資料の購入費用以外に使うことも禁じている。[†4] この事件のように、倫理規則に違反した美術館等は、美術館長協会から、会員資格の剥奪・停止、他の会員による貸出し、共同展示の停止などの制裁を受けることもあるのだ。

なお、この美術館長協会は、この厳しい倫理規則を、２０２０年4月から2年間に限り緩和し、違反しても制裁を発動しないと宣言していた。コロナ禍による経営難に陥った多くの美術館を救済するための臨時の措置である。この間、ブルックリン美術館、エバーソン美術館、メトロポリタン美術館をはじめとする多くの美術館・博物館は、収蔵品を売却して職員給与などの支払に充て、苦境を凌いだ。ただし、現在は、ほぼ元通りに近い規制に戻っている。

日本の美術館・博物館にとっても他人事ではない

さて、日本には、特別な法律に基づいて設立された国立の美術館・博物館を除き、美術館や博物館の収蔵品の処分・放出を規制する法律は存在しない。しかし、日本の美術館・博物館も、公共の利益のために美術品等を収集、保存、展示、教育することを使命としているので、倫理的な観点からは、収蔵品を安易に手放すべきではない。美術館の多くが行動準則にしている、ＩＣＯＭ（国際博物館会議）の職業倫理規程も、収蔵品の一部を除去するときは、それにより生じる公衆の信頼の損失を十分に理解したうえで行うこと（2・13項）、そのための公認された方法をあらかじめ規定すること（2・15項）、収蔵品の放出と処分から受けた対価は、収蔵品のため、または新たな収蔵品の収集のためのみに用いること（2・16項）などを定め、[†5]さらにICOMが発表している収蔵品の放出（ディアクセショニング）に関するガイドラインは、収蔵品を処分してもよい場合、処分の方法、その対価の使途などについて、北米の美術館長協会の倫理規則とほぼ同じような準則を設けている。[†6]

したがって、日本の美術館・博物館も、財政上の理由で収蔵品を売却せざるを得ないような場合は、ICOMの職業倫理規程とガイドラインが定める倫理上の義務を念頭に置き、他に執りうる手段はないのか、何をどのような方法で処分するのが利用者にとって最も影響が少ないのかなどを慎重に検討したうえで決定するべきだろう。

現在のバークシャー博物館

美術品の処分により何とか生き残ったバークシャー博物館だが、従来どおりの運営を続けていてはたちまち元に戻ってしまう。2023年4月、博物館の理事会は、それまでの何でも扱う総合博物館から自然史系を中心に据えた博物館に転身するための大規模な改修計画を決定した。従来から人気のあった水族館施設を建物のメインフロアに移設して大幅に拡充することをその目玉としている。来館者に「大自然に浸る」感覚を味わってもらうようにするためだ。バークシャー博物館は、この改修により、既存の博物館には関心がない若年層を含むあらゆる世代の人々が、人と自然が共生する社会を楽しく学べる場に生まれ変わることを目指しているという。改修工事は2024年秋に着工なので、この目論見が成功するかどうかがわかるのは、数年先のことである。

■アメリカの国民的画家、ノーマン・ロックウェル

ノーマン・ロックウェルは、20世紀のアメリカにおいて最も人気のあった画家である。彼の作品の多くはアメリカ人の市民生活を軽いタッチで牧歌的に描いたもので、その複製画が今でもグリーティングカードやカレンダーなどによく使われている。

彼は1894年、ニューヨークに生まれ、美術学校を出た20歳頃からアメリカンボーイスカウトの機関誌などにイラストを描き始める。1916年、近所のいたずら小僧たちをモデルに描いた彼の絵は、アメリカの中流階級に最もよく読まれていた雑誌『サタデー・イブニング・ポスト』の表紙に採用された。その後も、1963年までに300点を超える作品がこの雑誌の表紙を飾っている。彼はまた、『トム・ソーヤーの冒険』、『ハックルベリー・フィンの冒険』をはじめとする小説の挿絵画家としても広く知られている。

これほどに人気の高いロックウェルだが、彼の作品は当時の美術界からはほぼ黙殺されていた。ジャクソン・ポロックらの抽象表現主義が流行した1950年代、ミニマリズムやポップアートが生まれた60年代のアメリカの画壇は、大衆向けの雑誌や本の挿絵画などは「芸術的に取るに足らない」とみなし

ていたからだ。もちろん、イラストや漫画、アニメの芸術性を認める現代の美術界は、彼の作品を再評価している。

ロックウェルは、生涯にわたり出版社や企業の依頼で商業的な目的の絵を描いたので、大衆の好みを無視した作品を生み出すことができなかった。しかし、こうした制約の中で、彼は社会情勢や政治の動向にも常に目を向けて、社会に影響を与える作品を示そうと努めていた。たとえば、1943年、ルーズベルト大統領が一般教書演説で言及した「言論・表現の自由、信仰の自由、窮乏からの自由、恐怖からの自由」という、大西洋憲章に取り入れられた「四つの自由」をわかりやすく説明するための4点の絵を制作し、『サタデー・イブニング・ポスト』に掲載している。この頃から50年代にかけての彼の絵には辛辣な社会風刺とユーモアが溢れ、出版社の意向とは乖離するようになった。1963年に69歳で『サタデー・イブニング・ポスト』を辞めた後は、戦争や人種差別などの社会問題に鋭く切り込んだ作品を他の雑誌に発表している。

バークシャー博物館が売却した絵の一つ、「シャッフルトンの理髪店」は、町の小さな床屋の閉店後に、店の奥部屋で年配の男たちが集まって楽器を演奏している様子を描いた油彩画で、ロックウェルの最高傑作と評されている。1950年4月29日の『サタデー・イブニング・ポスト』の表紙絵として描かれたものだが、実物は1メートル四方を超える大きさの細密な写実画で、表紙絵の水準をはるかに超えている。この作品は、2018年、ロックウェルのファンである映画監督ジョージ・ルーカスが2500万ドルで購入した。ルーカスは、2025年の開館を目指してロサンゼルスに建設中のルーカス・

ナラティブ・アート美術館でこれを展示する予定だが、それまでの間、ロックウェルが設立したノーマン・ロックウェル美術館に預けている。現在は、マサチューセッツ州バークシャー郡のノーマン・ロックウェル美術館に行けばこの絵を観ることができる。

デトロイト美術館の奇跡はなぜ起きたのか？

●財政上の理由で収蔵品を処分した博物館等は、【事件09】のバークシャー博物館以外にも多数あるが、デトロイト美術館は、この危機を脱したエピソードで知られている。
●デトロイト美術館は、デトロイト市が1885年に設立した美術館で、新聞界や自動車業界の有力者たちの資金援助により、欧米の近現代美術作品からアジア、アフリカ、中南米アートや古代美術にいたるまで6万5000点を超えるコレクションを所蔵している。
●アメリカ自動車産業の中心地として栄えたデトロイト市だったが、20世紀後半以降、不況による税収減のため財政が悪化し、リーマンショックがこれにとどめを刺す。2013年7月、デトロイト市は、公務員の年金を含む180億ドル（当時のレートで約1兆8000億円）もの負債を抱えて財政破綻し、連邦破産裁判所に破産申請をした。この破産手続きにおいて、デトロイト市は、負債の返済計画を含む再建案を提出し、債権者の承認を得なければならない。債権者たちに再建案に応じてもらうため、デトロイト市は、美術館の収蔵品のうちから、印象派や後期印象派の名画など6600点を最低5億ドルで売却し、これを債務弁済の原資に充てることにした。
●しかし、ミシガン州法務長官は、「そのような理由での収蔵品の処分は、美術館の使命と寄贈者の意向に背くことになり、法律上の忠実義務、および美術館長協会の倫理規程に違反する」との意見を表明し、また、世論調査の結果、デトロイト市民の8割がこの計画に反対した。
●そうした中、市民の間から「美術館の収蔵品を守れ」との声が広がり、一般市民による寄付が増えていった。これを受け、複数の慈善団体が3億7000万ドルの寄付を決め、またそれまでは寄付を渋っていた米三大自動車メーカーも支援に動き出す。2014年8月には、トヨタも100万ドルの寄付を表明し、他の日系企業も合計220万ドルの支援を決めた。こうして、デトロイト美術館が合計8億ドルを超える寄附金を獲得したことから、ミシガン州も2億ドルの公的助成を決める。これを前提に、デトロイト市は、美術館の収蔵品の売却を含まない再建案を作成したところ、2014年12月、この案は債権者の同意が得られ、裁判所に認可された。デトロイト美術館の収蔵品は奇跡的に無傷で守られたのである。原田マハの『デトロイト美術館の奇跡』は、この実話をヒントにした小説である。
●さて、年金が削られる公務員たちを含む多くのデトロイト市民は、なぜ美術館の存続を支持したのだろうか。実は、デトロイトの住民の8割以上はアフリカ系アメリカ人で、その大半は西洋美術にあまり関心がない。美術館はこれを踏まえ、早くからアフリカ系アメリカ人アーティストによる作品の収集に力を入れていた。2000年には、彼らの作品に特化した部門として「アフリカ系アメリカ美術センター」をアメリカで最初に設置し、特別展も、印象派展やルネサンス美術展と同等に、「19・20世紀アフリカ系アメリカ人アーティスト展」など、非白人アーティストに焦点を当てた企画を頻繁に実施し、多様な人々の来館を促してきた。「デトロイト美術館の奇跡」は、こうした努力があったからこそ実現できたのである。

事件 10

美術館がアーティストから購入した作品を公開しないのは表現の自由の侵害か

昭和天皇コラージュ版画（富山県立近代美術館）事件〔日本〕

■事件の経緯

大浦信行の昭和天皇コラージュ版画作品「遠近を抱えて」

大浦信行（1949年〜）は、富山県出身の美術家、映画監督である。彼は、アメリカで美術家荒川修作の助手などをしていた1982年頃、日本人である自分のアイデンティーを天皇の肖像に見出し、天皇の写真を用いた作品「遠近を抱えて」を制作した。昭和天皇の肖像写真とダ・ヴィンチや尾形光琳の作品の断片、女性のヌード写真、曼荼羅、風景写真などと組み合わせた、コラージュ版画の連作である。当初、この作品を扱ってくれる日本の画廊がなかなか見つからなかったが、1984年に知り合った美術評論家、針生一郎の口利きで銀座の画廊で個展を開催したところ、「遠近を抱えて」は評判を呼び、新聞などの批評でも高く評価された。

展覧会に出品された「遠近を抱えて」

富山県立近代美術館は、1986年3月15日から4月13日にかけて、富山県ゆかりの美術家の作品にフィーチャーした企画の展覧会「'86富山の美術」を開催した。大浦信行は、この展覧会の出品作家30人のうちの一人に選ばれ、コラージュ版画「遠近を抱えて」の連作10点を出品している。この会期中、富山県立近代美術館は大浦氏の出展作品10点のうちの4点を合計20万円で購入した。美術館はまた、大浦作品を含む全展示作品を収録したこの展覧会の図録を制作し、来館者に販売している。

右翼団体等の抗議により作品は公開禁止となる

展覧会が無事に終了してから2か月ほど後、富山県議会において一部の議員が「大浦作品には不快感を覚える」と批判し、そのことが新聞紙上で大きく報道された。それ以降、複数の右翼団体から富山県立近代美術館に対し、「天皇の写真を悪用した作品を展示したのは問題である」などとの抗議の電話や書簡が届くようになった。美術館に訪れて口頭で抗議したり、館長らに面談を申し入れて大浦作品の廃棄を求める要望書を手渡したりする者などもいた。

その年の7月、美術館はこうした事態への対応を検討のうえ、大浦氏の作品は今後非公開とし、作品を掲載した展覧会図録は非売品にすることを決定して発表した。

富山県が定めた富山県立近代美術館条例は、「美術館の入館者は、展示されている美術品を観覧できるほか、県の教育委員会に事前に申請して許可を得たうえで美術館に保管されている収蔵作品を特別観覧することができる」と定めている。事件を知って大浦作品に関心を持った人々や市民グループが、この条例の規定に基づいて何度も大浦作品の特別観覧を申請したが、富山県教育委員会は、美術館が作品の非公開を決定したことを受け、観覧を許可しなかった。

大浦作品の売却、展覧会図録の焼却処分

美術館が大浦作品の非公開措置を公表した後も、右翼団体による抗議行動は収まらず、街宣カーによる市内デモ行進や県教育委員会や美術館に対する作品の廃棄や引渡しの要求が何度もなされた。

1990年3月、「'86富山の美術」の展覧会図録を収蔵する富山県立図書館でこの図録を閲覧した男が大浦作品の掲載ページをいきなり破り捨て、器物損壊の罪で逮捕された。さらに、1992年（平成4年）、右翼が富山県知事室に侵入し、知事に殴りかかるという事件も起きた。この男は、公務執行妨害と建造物侵入の罪で逮捕された。

1993年4月、美術館は、こうしたトラブルが続く作品を持ち続けることは困難と判断し、県教育委員会と相談のうえ、大浦作品4点と残った展覧会図録を処分することに決定した。この決定に基づき、作品は匿名の個人に20万円で売却され、図録470冊はすべて焼却された。

1994年、大浦信行はこの措置に抗議し、作品の特別観覧を拒絶された市民たちとともに、美術館

の運営主体である富山県と作品の観覧不許可や売却決定にかかわった県教育委員会に対し、作品の買戻し、図録の再発行および損害賠償を求める訴訟を富山地方裁判所に提起した。この裁判では、憲法が保障する表現の自由に関する3つの問題が争われた。第一は、美術館が収蔵作品の公開を禁止することは、作品を作った芸術家の「芸術的表現の自由」を侵害するのか、第二は、作品の閲覧禁止は、閲覧希望者の「知る権利」を侵害するのか、第三は、作品の売却やその図録の焼却は、国民の「知る権利」を侵害するのか、である。

■裁判

芸術家は美術館に売却した作品の公開を求めることはできない

憲法21条が定める表現の自由には、芸術上の表現活動の自由も含まれ、芸術家は作品を創作して発表し、人々に鑑賞してもらう権利があるとされている。そこで、原告大浦氏は、このことを根拠に、「被告富山県と県教育委員会は、作品を非公開とする措置やその売却処分によって、芸術家が作った作品を市民に鑑賞してもらう権利を侵害した」と主張した。しかし、裁判所は、この主張を認めなかった。憲法が保障する「表現の自由」は、「国民の表現活動、芸術家による作品の発表が公権力によって妨げられない」という意味であり、芸術家に、「自分の作品を公開しろ」と公権力に対して求める権利が与えられたわけではないからだ。裁判所は、「原告大浦氏は被告富山県に作品を売却した以上はこれらを自ら公開する権利を有していないし、売却の際に美術館との間で公開を義務づけたり他への売却を禁じたりする特約を合意したわけではないので、被告らの措置によって何らの権利も侵害されていない」と判断したのである。

美術品の観覧拒否は憲法違反になるのか？

大浦氏以外の原告は、作品の観覧や図録の閲覧、購入を希望していた富山県の住民らである。彼らは、「美術館による大浦作品の非公開は、作品を鑑賞する権利、すなわち、国民の知る権利の侵害である」と主張し、損害賠償を求めた。「知る権利」とは、国民が政府その他の公的機関に対してその保有している情報の開示を求める権利のことで、日本国憲法が保障する表現の自由に含まれると解されている。問題は、住民らによる作品の観覧申請を富山県教育委員会が拒絶した措置は、表現の自由の侵害といえるかどうかである。最高裁判所は、公的機関が公共施設の利用を許可しない措置が、その施設で集会や講演を行おうとする者の表現の自由を侵害する行為にあたるかどうかを判断する基準として、「明白かつ現在の危険」という原則を示している。「表現の自由は最も重要な人権なので、公権力は、人の生命、身体、財産が侵害されるような具体的で明らかな差し迫った危険（明白かつ現在の危険）があるときでなければ、表現の自由を制限してはならない」とする原則だ。そこで、原告らは、この原則を前提に、「被告富山県や県教育委員会は、右翼の反対運動などがあったとはいえ、作品・図録を非公開にしたり、これらを処分したりしなければならないほどに差し迫った危険はなかった」と主張した。

第一審の富山地方裁判所はこの主張を認め、「県知事に対する暴行未遂や図書館にある図録の損壊のような事態は、警察の警備等で予防すべきであり、作品や図録の公開を禁ずるほどに差し迫った危険があったとはいえない」とし、観覧・閲覧の許否は違法と判断していた。

しかし、控訴審である名古屋高等裁判所金沢支部はこれをくつがえし、「明白かつ現在の危険があるかどうかという基準は、市民の表現活動を公権力が制限することができるかどうかを判断する場合には相当だが、本件のような美術品等の観覧・閲覧請求を認めるための基準としては厳格すぎる」と述べた。そして、「美術館のような公共施設は、住民による施設の収蔵品の観覧請求を、正当な理由があるときは拒むことができる」としたうえで、「美術館が作品の観覧や図録の閲覧を認めると管理運営上の支障を生ずるおそれがあると判断した以上、観覧の拒絶をする正当な理由があった」と判示した。

美術品や図録の処分は美術館の裁量で行うことができる

被告富山県が運営する美術館および県教育委員会が大浦作品を売却し、図録を焼却したことに関し、原告である富山県の住民らは、「これにより、将来にわたり作品を鑑賞し図録を閲覧することが不可能となり、観覧・閲覧権が侵害された」と主張した。しかし、裁判所は、「県立美術館の収蔵品や図録の処分については、これを制限する法令は存在せず、美術に関する高度な専門知識がある美術館と県教育委員会の広範な裁量に委ねられている」と述べたうえ、「被告らは裁量の範囲を逸脱していないので、売却や焼却の決定は違法とはいえない」とし、原告らの請求を認めなかった。

結論

こうして、2000年2月、原告らの請求は、控訴審である名古屋高等裁判所金沢支部にすべてしりぞけられた。大浦氏らは直ちに最高裁判所に上告したが、10月に上告理由なしとして棄却され、事件は終了した。

■事件の評価

美術館は収蔵品の公開、処分について裁量権を持っている

この事件は、美術館の活動と表現の自由の関係に関する重要な裁判事件として広く知られている。

表現の自由は、民主主義社会を維持していくうえで重要な人権であることから、最高裁判所は、「公権力が市民の表現活動を制限できるのは、公共の安全に対する明白かつ現在の危険がある場合に限られる」との基準を用いて、表現の自由が侵害されたかどうかを判断している。次に紹介する【事件11】の「表現の不自由展」事件（大阪府の公共施設で「表現の不自由展」の開催を計画した際、施設運営者が「施設の運営上支障がある」ことを理由に展示施設の利用を拒否した事件）でも、裁判所はこの基準に従って「公開イベント等に対する抗議活動、街宣活動などは警備の強化によって対応できるので、具体的で明白な危険があったとはいえない」と述べ、「施設利用の拒絶は表現の自由の侵害である」と判断している。

ところが、この昭和天皇コラージュ版画事件の控訴審である名古屋高等裁判所金沢支部の判決は、

「明白かつ現在の危険」という基準は使わず、美術館側における収蔵品の非公開や処分の決定に「正当な理由」があるときは、憲法に違反しないと判断した。この事件で憲法違反が争われたのは、市民や芸術家が行う表現活動の制限ではなく、美術館が自ら所蔵する作品について行う非公開措置や処分の是非に関する問題だったからである。美術館は、その設立目的、地域性、規模などを勘案して、自ら決めた運営方針に従って公共の利益のための活動を行っている。そのような活動、とりわけ、作品の展示・公開や処分に関して厳しい制約を課すと、美術館経営に支障がでたり美術館自身の表現活動が委縮したりすることになりかねないので、裁判所は、収蔵品の開示・非開示や処分は、美術館自身による決定を尊重した方がよいと判断したのである。「表現の自由」の侵害があったかどうかの判断基準は、市民や芸術家が「自ら表現活動をしたい」と求めたのに制限された場合と、市民が「美術館による表現活動を観たい（知りたい）」と求めたのに拒絶された場合とでは異なるということだ。

収蔵品の公開禁止や処分をする際は慎重に検討を

この事件の判決は、富山県立近代美術館の措置を合憲、適法と判断した。しかし、美術館は公益を目的とする施設であり、特に公立の美術館は地方税や国からの助成金によって設立され運営されているので、法律上の義務さえ守っていれば何でもできるというわけではない。日本の国公私立美術館の集まりである全国美術館会議は、「美術館関係者の行動指針」として、美術館は日本国憲法が定める表現の自由、知る権利を保障し支えること（行動指針4）、美術館に携わる者は、美術館が蓄積した作品・資料や情報を社会に共有の財産として、展示や教育普及などさまざまな機会を捉えて、広く人々と分かち合い、新たな創造に努めること（行動指針8）を求めている。また、ＩＣＯＭ（国際博物館会議）の職業倫理規程は、収蔵品の除去、処分に関して、「収蔵品から資料もしくは標本を除去することは……そのような行為から生じ得る公衆の信頼の損失を十分理解した上でのみ行われるべきである」（2・13項）と定めている。したがって、収蔵品の公開禁止や処分を決定するときは、倫理上の観点から、それが公共の利益に反することにならないかを慎重に検討した方がよい。

この事件の富山県立近代美術館が行った非公開措置や売却処分は、今でも法律家や市民団体から厳しい批判を受けている。これらの措置を決定する前に、外部専門家に諮問したり広く市民の意見を聞くといった方法で、他に解決策があるかどうかをもう少し時間をかけて検討しておけば、美術館の評価や信頼に傷をつけずに済んだのではないだろうか。

■富山県立近代美術館と瀧口修造

１９８１年に開館し２００６年に閉館した富山県立近代美術館は、西欧や日本のシュルレアリスム作品をはじめとし、ピカソ、ロートレック、ルオー、シャガール、ジャコメッティ、ベーコンその他２６００点以上の20世紀の美術品、１万３０００点以上のポスター作品、２００点以上のデザインチェアなど１万６０００点以上の常設展示品を収蔵していた。特に、公立の美術館であるにかかわらず、その設立当初から、当時は無名だった現代美術家の作品などを収集し続けた先見性は、多くの美術関係者から一目置かれていた。

この美術館がこれほど充実したコレクションを形成できたのは、瀧口修造(1903年～1979年)が設立にかかわっていたからだ。瀧口氏は、近代日本を代表する美術評論家、詩人、画家であり、日本におけるシュルレアリスムの生みの親ともいわれている。彼は、慶應義塾大学在学中に英文学者・詩人、西脇順三郎から西洋のダダイズム、シュルレアリスムを学び、1930年代からアンドレ・ブルトン、マルセル・デュシャンらの著書を翻訳してシュルレアリスムを日本に広めた。第二次世界大戦前、前衛芸術が危険視されて官憲に逮捕されたこともあったが、戦後は、芸術家集団「実験工房」を主催するとともに多くの美術評論を発表し、国内外の若手芸術家たちを売り出した。ブルトン、デュシャン、ダリら海外の芸術家とも交流を持ち、1940年にまだ無名だった頃のジョアン・ミロを紹介する書籍を世界で初めて刊行したことでも知られている。

1970年代後半、富山県は、美術館の創設を計画し、地元出身の美術専門家である瀧口修造に協力を求めた。反体制派として生きてきた瀧口氏は館長就任を辞退したが、初代館長となった小川正隆をはじめとする美術家を富山県に紹介するとともに、新しい時代のための近代美術館構想をメモにまとめて提案した。富山県は、彼の助言に従って美術館の基本構想を策定し、開館前後から、ミロやゲルハルト・リヒターなど当時の日本では評価されていない現代アーティストの作品を積極的に収集した。さらに、1985年から世界ポスタートリエンナーレを開催して、当時はアートのジャンルにすら入っていなかったポスター作品の展示、収集を進めている。

この昭和天皇コラージュ版画事件では敵役の扱いを受けてしまった富山県立近代美術館だが、天皇制というタブーを扱った大浦作品の展示公開を決めた点において、先進的で大胆な公立美術館でもあったのだ。

2016年、富山県立近代美術館は建物の老朽化により閉館し、その収蔵品は富山駅近くの公園内に新設された富山県美術館に移された。2017年に開館した新しい美術館にも、瀧口修造の遺族から寄贈を受けた彼の作品やコレクションが常設展示されている。

8 ブラック・ライブズ・マター作品の展示と表現の自由

●アメリカでは、5月の最終月曜日は、戦没将兵を追悼するための祝日（メモリアルデー）である。フロリダのマイアミビーチは、毎年この日を含む連休中にアーバン・ビーチ・ウィークエンド（ＵＢＷ）というヒップホップ・フェスティバルを開催している。

●２０１１年、ＵＢＷ中のマイアミビーチで、ハイチ系アメリカ人、レイモンド・ヘリッセ（当時22歳）が12人の警官から16発の銃弾を浴びて射殺されるという悲劇が起きた。警官らは「若者が先に発砲した」と報告していたが、後の調査でそれは勘違いだったことが証明されている。このレイモンド・ヘリッセ射殺事件とその翌年に同じ州で起きた、黒人少年トレイボン・マーティン射殺事件は、現在全世界に広がっているブラック・ライブズ・マター運動（黒人差別に抗議する運動）のきっかけとなった。

●２０１９年、マイアミビーチ市は、ＵＢＷの期間中に「リフレーム・マイアミビーチ」というアートイベントを開催した。地元アーティストの作品を展示して、様々な人種の包摂と交流の機会を提供するためである。市は、このイベントの一環として、街のメインストリートに沿ってインスタレーションを陳列展示することにし、イヤーウッド、マクグリフという2人のキュレーターに作品の選定・設置を任せた。この委託を受けた2人は、展示品の一つとして、ヘリッセの肖像画と追悼文を組み合わせた、ロドニー・ジャクソンというアーティストによる作品「レイモンド・ヘリッセを偲んで」を、最も目立つ場所に設置した。しかし、このイベント開始後、マイアミビーチ市はキュレーターたちに対し、「警察が反対している」としてこの作品の撤去を命じ、「要求に応じない場合はすべての展示を中止する」と申し渡した。イヤーウッド氏らはやむなく「レイモンド・ヘリッセを偲んで」を取り外し、その場に「マイアミビーチ警察の要請により撤去」と掲示した。

●翌２０２０年6月、イヤーウッド氏らは、フロリダ州の地方裁判所に提訴し、「作品の撤去を命じたマイアミビーチ市は、合衆国憲法が保障する『表現の自由』を侵害した」と主張して損害賠償等を求めた。しかし、２０２２年3月、裁判所は、「マイアミビーチ市が委託して制作・設置させた作品である以上、市にはこれを撤去する権利がある」と述べ、憲法違反の主張を認めなかった。２０２４年1月、上訴裁判所も同じ判断を下した。*

●この判決を知って、アメリカの裁判所は「表現の自由」を軽視していると感じた方がいるかもしれないが、そうとは言い切れない。この事件で、マイアミビーチ市は、イヤーウッド氏らへの委託に際し、制作した作品は市が所有すること、市の承認なしには展示しないことなどを当初から約束させていた。「リフレーム・マイアミビーチ」をマイアミビーチ市が実施することは広く知られていたので、その展示作品はすべて「市の意向の表明」とみなされるからだ。裁判所は、公共機関が自ら所有する作品を自ら実施するイベントに展示する際の表現の自由も、個人の表現の自由と同様に重要と判断したのだ。

事件 11

再び開催が中止になりかけた表現の不自由展

「表現の不自由展かんさい」実行委員会対エル・おおさか事件【日本】

■事件の経緯

「あいちトリエンナーレ２０１９」における「表現の不自由展・その後」

２０１９年８月の国際芸術祭「あいちトリエンナーレ２０１９」では、芸術祭の企画展として、「表現の不自由展・その後」が開催された。日本における表現の自由が脅かされているのでは、との危機意識を背景に、過去に公立美術館等で出展や公開を拒否された作品を集めて展示する企画で、キム・ソギョン、キム・ウンソン夫妻による「平和の少女像」（２０１１年、いわゆる従軍慰安婦像のレプリカ）、大浦信行の「遠近を抱えて Part II」（１９９５年、昭和天皇をコラージュした版画作品が焼却される描写を含む映像作品）などの問題作が出品された。

ところが、「あいちトリエンナーレ２０１９」の開幕日である8月1日からこの企画展に対する抗議の人々が会場前に集まり、またSNS上に投稿された作品の写真を見た者による抗議の電話、メール、FAXが殺到、その翌日には、開催場所である愛知県美術館でガソリンテロを実行する旨を予告するFAX文書が届いた。こうした状況を受け、愛知県は、このままでは来場者等の安全確保ができないと判断し、開催の3日後にこの展覧会の中止を決定した。

この企画展は、芸術祭を主催する愛知県の委託により、以前に同じ展覧会を企画したことがある美術評論家、編集者、ジャーナリストら5名を中心メンバーとする「表現の不自由展実行委員会」（不自由展実行委員会）が実施したものだったが、彼らは、この中止決定について事前に何も相談を受けていなかったので、直ちにこれに抗議し反対する声明を出した。さらに企画展への出品者をはじめとする国内外の多くの芸術家、メディア、弁護士会などからも非難の声が殺到した。そこで、愛知県は、市民や有識者の意見を聴取して検討のうえ、この企画展の再開を決定した。こうして「表現の不自由展・その後」は、10月8日に厳重な警備と入場者制限のもとで再開され、10月14日に「あいちトリエンナーレ２０１９」の閉幕により終了した。

同じ内容の展覧会を巡回展として実施

「表現の不自由展・その後」は再開されたものの期間が短いうえ入館の人数制限もあったため、見逃した人々から不満の声が上がっていた。そこで、不自由展実行委員会のメンバーたちは、これと同じ作品を集めた展覧会を、２０２１年の6月から7月にかけて東京、名古屋、大阪の3か所で巡回して開催することを計画した。

このうち、大阪での展覧会は、「表現の不自由展かんさい」の名称で２０２１年7月16日から18日までの間、大阪府立労働センター（通称「エル・おおさか」）9階のギャラリースペースを借りて開催することになった。不自由展実行委員会は、２０２１年3月6日、エル・おおさかに対し、「表現の不自由展かんさい」の開催のためにギャラリースペースの利用申込みをして利用料金10万５４００円を支払い、エル・おおさかは同じ日に利用の承認をした。

東京展は抗議活動により延期、名古屋展は爆弾騒ぎで中止

不自由展実行委員会による巡回展は、２０２１年6月25日から7月4日までの間に東京都新宿区で、7月6日から11日まで名古屋市で、そしてその月の16日から18日まで大阪でそれぞれ開催される予定だった。

しかし、6月15日に実行委員会がSNS等でこの巡回展の広報を始めたところ、その翌日から、東京の展覧会の会場に予定していた新宿のギャラリーに対し電話やメールでの抗議が届き、さらに会場の前でも「場所を貸すな」「中止しろ」などの激しい抗議活動が起きたので、このギャラリーの運営者は「近隣に迷惑がかかる」との理由で施設の貸出しを断ってきた。実行委員会は別の会場を探して予定どおりに実施しようとしたが、もはや25日からの開催には間に合わなくなり、東京での展覧会の開催はと

りあえず延期することにした。

次の展覧会は、予定どおり7月6日に名古屋市中区の会場で開催されたが、8日の朝に会場の施設に不審な郵便物が届き、開封した際に中に入っていた爆竹が破裂するという事件が起きた。けが人はいなかったが、この施設は安全のために臨時休館し、名古屋の展覧会は中止となった。

大阪展は会場の利用承認を取り消される

大阪展の会場であるエル・おおさかにも、6月15日に展覧会の広報がなされた後にクレームの電話、メールが増え、さらに、玄関前での拡声器による抗議や街宣車による大音量の抗議活動が行われるようになった。エル・おおさかには、ギャラリーの他に貸会議室や保育ルームなどもあり、保育ルームの担当者からは、展覧会期間中の警備態勢に不安があると伝えられた。

こうした状況や東京展の延期を踏まえ、エル・おおさかの管理運営を大阪府から委託されている財団法人は、表現の不自由展実行委員会に対し、2021年6月25日、書面により、「施設の管理運営上支障があると認められるので、ギャラリースペースの利用承認を取り消す」と通知した。

6月30日、不自由展実行委員会は、「この時点で会場を探し直して展覧会を予定どおりに実施するのは困難なので、今頃になって利用承認を取り消すことは許されない」と主張し、エル・おおさかを運営する財団に対し、利用承認の取消処分の効力停止（わかりやすく言えば、利用承認の取消しはなかったことにしてギャラリースペースを予定どおりに利用させること）を求める裁判を大阪地方裁判所に申し立てた。

■裁判

公共施設が表現の自由を制限できるのは「明白で現在の危険」がある場合だけ

エル・おおさかの利用条件等を定める大阪府の条例は、「施設の管理上支障があると認められるとき」にはこの施設の利用承認を取り消すことができると定めている。被告になったエル・おおさかの運営者は、「表現の不自由展に対する電話、メールによるクレームや抗議活動、街宣運動がエスカレートしたことにより、施設の管理上支障が生じたので、利用承認の取消しには理由がある」と主張した。原告らはこれに対し、「エル・おおさかのような公共施設の利用をその程度の理由で制限する行為は、憲法が保障する表現の自由を侵害するので許されない」と主張して争った。

大阪地方裁判所は、この問題を判断する前提として、「そもそも、多様な価値観を持つ住民が共存している以上、公開イベント等による表現活動に対して反対意見が存在することは避けられない。よって、そのための場を提供する公共施設としては、クレーム、抗議活動、街宣活動などによる一定程度の支障を覚悟すべきであり、安易に拒否することは許されない」と述べた。そのうえで、最高裁判所が過去に示した「明白かつ現在の危険」の原則を採用し、[†8]「大阪府がエル・おおさかのような公共の施設の利用を拒否すると、表現の自由の不当な制限につながるおそれがあるので、『施設の管理上支障がある』ことを理由に利用承認を取り消すことができるのは、公共の安全に対する具体的で明らかな危険がある場合に限られる」との基準を示した。

そして、①エル・おおさかは、もともと一定の騒音は避けられない、大阪市内の中心地に幹線道路に面して設置されていること、②表現の不自由展実行委員会は、警備方針について警察署と協議して警察官による警備を依頼していること、③大阪府には暴騒音規制条例があるので、路上で暴力的な騒音を生じさせた者に対しては、警察がこの条例に基づく命令を発することによって対応できること、④エル・おおさかの運営者は、3月の段階では「表現の不自由展・その後」に関連するイベントであることを知りながら施設の利用を承認していたことなどに鑑み、展覧会を開催することにより「公共の安全に対する具体的で明らかな危険」が生ずるわけではないので、この展覧会の開催が「施設の管理上支障がある」とはいえないと判断したのである。

結論

以上の理由で、大阪地方裁判所は、2021年7月9日に利用承認の取消処分の効力を停止する決定を下した。エル・おおさか側は不服申立てをしたが、大阪高等裁判所も7月15日に大阪地裁と同じ判断をし、最高裁判所に対する特別抗告も認められなかった。

こうして、「表現の不自由展おおさか」は、予定どおり7月16日から18日までの間、警察の厳重な警護のもとで開催された。

なお、6月に実施が延期された東京展は、翌2022年4月2日から4日にかけて国立市民芸術小ホールのギャラリーで開催され、また、名古屋展は、2022年の8月25日から名古屋市中区の市民ギャラリー栄で改めて開催され、今度は4日間の日程を無事に終えた。

■事件の評価

展覧会場の提供を約束した公共施設は安易に取消しができない

この事件の裁判所は、「公共機関が集会結社の自由、表現の自由を制限することができるのは、公共の安全に対する明白かつ現在の危険があるときに限られる」という、過去の事件で最高裁判所が示した憲法の適用に関する原則が、公共の施設が展覧会の開催を「施設の管理上支障がある」という理由で拒絶できるのかどうかという問題にも適用できることを明らかにした。この判断は、今後、公共施設を会場とする展覧会で同種の問題が起こった際の参考になる。

美術館で開催される展覧会の場合は…

この事件のエル・おおさかは、セミナー、展覧会などのイベントのために会場となるホールやギャラリーを貸与する施設である点で、自ら作品を収蔵し、展覧会を企画・実施する美術館や博物館とは異なる。しかし、「美術館」、「博物館」、「ミュージアム」などと名乗っていても、展示場の提供だけを行う施設もある。たとえば、【事件01】の大丸ミュージアム等、かつての百貨店美術館の多くは、催事用スペースに「美術館」の名を付けて、新聞社等に展覧会を実施する会場だけを提供していた。六本木ヒルズ森タワー53階の森美術館は森ビルが独自の企画展を実施する本格的な美術館だが、52階の森アーツセンターギャラリーは、イベントを行う他の企業にフロアスペースを賃貸しているだけだ。

実は、東京都美術館をはじめとする公立美術館の多くも、館内に貸し展示用スペースを設けて、公募展を行う民間の公募団体などに賃貸し、その賃貸収入で運営費を賄っている。このような方法で展示スペースを提供する公立美術館の立ち位置は、エル・おおさかのような公共展示施設とほぼ同じである。したがって、展示場の提供を約束した公立美術館が、一方的に展覧会の開催を中止したり、特定の作品の展示を取り止めたりすることは、「公共の安全に対する明白かつ現在の危険があるとき」を除き、展覧会企画者や出品したアーティストの表現の自由の侵害となり許されない。

他方、美術館が自ら企画して展覧会を実施する場合は、この基準による規制では厳しすぎる。美術館は、その設立目的、運営方針、予算、施設の状況、市民の意向を勘案して、自らの裁量で特別展を実施するか中止するかなどを決める自由があるからだ。したがって、展覧会の実施・中止の決定、展示作品の選定等が憲法による規制を受けるのは、正当な理由なく恣意的な判断で作品を排除しようとする場合等に限ると解すべきだろう。アメリカの裁判所も、これと同じような考え方をしている（【コラム8】参照）。

■「平和の少女像」と「ゲルニカ」

「表現の不自由展」で最も論議を呼んだ作品「平和の少女像」の作者である、キム・ウンソン（1964年〜）、キム・ソギョン（1965年〜）夫妻は、大韓民国出身の民衆美術の流れをくむ彫刻家である。「民衆美術」とは、1980年代の独裁政権に抵抗して展開した韓国独自の美術運動で、2人は学生の頃からこの運動に加わっていた。1990代に入り民主化が実現した後も、彼らは様々な不正義に立ち向かう活動を共同で続け、東ティモールに派遣された韓国兵士の記念碑、民族詩人を讃える追悼モニュメント、韓国軍によるベトナム戦争の犠牲者への慰霊モニュメントなど、政治的なメッセージを含む作品を制作、発表し続けている。

2011年、キム夫妻は、韓国メディアが1991年頃から報じている元慰安婦の補償をめぐる日韓問題が20年の歳月を経ても進展せず、被害者たちが徒に高齢化していく状況に心を痛め、韓国で元慰安婦の支援活動を行っている団体に接触し、芸術家としての協力を申し入れた。そして、支援者団体が毎週行ってきた集会が1000回を迎えることを記念して「平和の少女像」を制作したのだった。平和のシンボルである鳩を肩に乗せて椅子に座り正面を見据えた少女は、この問題の解決をじっと待ち続ける覚悟を表しているという。この作品は、特定の慰安婦をモデルにしたわけではないが、慰安婦問題を少女の姿で表したことによるインパクトが大きく、この問題に対する韓国の人々の関心を呼び戻す働きをした。

２０１１年12月、元慰安婦の支援団体は、この少女像を韓国ソウルの日本大使館の前に設置し、さらにその後、国内外の目立つ場所にも１５０体以上を設置するなどして、日本政府に対する抗議活動に利用したため、日本政府とマスコミは、この像を「慰安婦像」と呼び、韓国人による反日運動のシンボルとみなしている。その結果、多くの日本人は、この像を目にすると「慰安婦像」としてとらえてしまい、「芸術作品」として鑑賞することができなくなっている。

政治的シンボルとして扱われた芸術作品は過去にも多数あるが、有名な例は、パブロ・ピカソの「ゲルニカ」だろう。「ゲルニカ」は、１９３７年、ピカソがスペイン共和国政府の依頼により制作した絵画で、その年にパリで開催された万国博覧会のスペイン館に展示された。その年の4月、スペイン内戦でフランコ反乱軍を支援するドイツ空軍により、スペイン北部の町ゲルニカが無差別爆撃された。ピカソはこの事件にインスパイアされ、彼独特の表現方法で、爆撃により泣き叫んで苦しむ市民たちの姿を描いたのだった。

しかし、パリ万博開催中の「ゲルニカ」は、芸術というよりも政治的な作品とみなされ、一般の来館者からはあまり理解されず、マスメディアの反応も冷淡だった。万博閉幕後、この絵は、フランコ反乱軍が勝利したスペインへは返されず、ニューヨーク近代美術館にモダンアート作品として収蔵されたが、１９６７年にベトナム戦争が始まると、反戦活動家たちによりベトナム反戦のシンボルとして利用され、「大量虐殺をする国には、この絵を手元に置く資格がない」と主張する人々による撤去運動が盛り上がるなど再び政争の具となる。

その後、ベトナム戦争が１９７５年に終わり、スペインでは同じ年にフランコが死去してから民主化が始まった。１９８１年、「ゲルニカ」はようやくスペインに戻され、現在はマドリードのソフィア王妃芸術センターに展示されている。それまでの歴史的事実を踏まえ、「ゲルニカ」は、今では芸術家ピカソの最高傑作であるとともに、平和と民主主義のシンボルとみなされている。

キム・ウンソン、ソギョン夫妻の「平和の少女像」にも、いつかはそのような日が訪れるのだろうか。

9 「モナ・リザ」スプレー事件と美術館・博物館の社会包摂

●１９７４年４月、上野の東京国立博物館で「モナ・リザ展」が開幕した。レオナルド・ダ・ヴィンチの最高傑作が来日したこの絵画展は、50日間の会期中に約１５０万人という、日本の美術展史上最多の来場者を集めた。

●その初日、若い女性が「モナ・リザ」に赤いスプレー塗料を噴射するという事件が起きていた。犯人はその場で取り押さえられ、「モナ・リザ」は防弾ガラスに保護されていて被害はなかったので、展覧会は何事もなかったかのように続行された。

●事件は、「女性解放」を掲げたウーマンリブ（フェミニズム）の運動家、米津知子氏が起こしたものだった。「モナ・リザ」展は、安全上の理由で介助や付添いを必要とする障害者・高齢者等の入場を制限していたので、彼女はこの措置に抗議して「身障者を締め出すな」と叫んでスプレーを噴射したのだ。彼女自身も右足に障害を持っていた。

●米津知子氏は軽犯罪法違反（悪戯による業務妨害の罪）で起訴され、翌１９７５年、裁判所から科料３０００円の判決を下された。裁判所は、「被告人（米津氏）が絵画展主催者の措置に抗議するためだったにせよ、スプレーで名画を覆うガラスを汚染させて観覧者の観賞を妨げた点は、抗議の方法として行き過ぎている」と判断していた。*

●この事件は、東京国立博物館や他の国公立美術館・博物館がバリアフリー化を進めるきっかけにはなったが、彼女が世間に訴えようとしたメッセージは程なく忘れ去られた。

●２００６年、国連は障害者の人権と尊厳を保護・尊重することを目的とする「障害者の権利条約」を採択した。日本は２０１４年にこれに批准し、障害者差別の撤廃、社会包摂のための施策をとることを世界に約束した。「社会包摂」とは、障害者、子供、高齢者、在留外国人など、社会的に弱い立場に置かれた人々を排除せず、共生する社会を築いていこうという考え方だ。これを受け、文化庁は、社会包摂に関わる芸術活動を推進する方針を打ち出した。文化芸術は、多様な人々に社会参加の機会を開く基盤となり得るので、美術館・博物館、劇場等による社会包摂のための活動を支援し始めたのだ。２０１８年に制定された障害者による文化芸術の推進に関する法律は、障害の有無にかかわらず文化芸術を鑑賞、創造する機会を拡大することを国の責務と定めている。「モナ・リザ」スプレー事件から40年を経て、米津氏の訴えはようやく社会に届いたようだ。彼女の評伝『凛として灯る』（荒井裕樹著）が２０２２年に出版され、評判を呼んでいる。

●文化庁の方針に基づき、最近は、京都国立近代美術館のように、盲学校等の視覚障害者と協働して、誰もが美術館で作品を鑑賞・体験できるプログラムやワークショップを実施する美術館等も出てきている。しかし、今のところ、大多数の美術館・博物館の社会包摂への取組みは、車椅子による移動を可能にする施設ハード面のバリアフリー化の程度に留まっている。誰もが対等に美術を楽しむための施策を実施するには、予算と人員が圧倒的に足りないためである。日本の美術館等による社会包摂は、まだ始まったばかりだ。

事件 12

ジェフ・クーンズの回顧展を開催した美術館は著作権を侵害した？

ダヴィドヴィッチ対ジェフ・クーンズ、ポンピドゥーセンター事件等［フランス］

■事件の経緯

パリ、ポンピドゥーセンターが開催するジェフ・クーンズ回顧展

パリのポンピドゥーセンター国立近代美術館は、２０１４年11月から２０１５年４月にかけて、現代美術家ジェフ・クーンズ（１９５５年〜）の回顧展をヨーロッパで初めて開催することにした。35年にわたるクーンズの芸術活動から生まれた多種多様の作品１００点を紹介する展覧会だ。実は、この回顧展は、元はニューヨークのホイットニー美術館が企画して２０１４年６月から10月まで開催した展覧会で、ポンピドゥーセンターは、これと同じものを巡回展としてパリで行うことにしたのだ。したがって、展示作品は、ホイットニー美術館が展示したものをそのまま借り受けることに決まっている。ただし、

展覧会図録や書籍、バインダー、アルバムなど、作品のコピーを用いた関連グッズは、ポンピドゥーセンターが新たに制作して販売することになった。これを行うには、クーンズ作品に関する著作権を利用する必要があるので、ポンピドゥーセンターは、クーンズが作品を管理するために設立した会社であるクーンズ社に、著作権の利用許諾を求めた。

「他人の著作権を侵害していないこと」を保証する条項は拒絶される

ジェフ・クーンズは、他人の作品や大量生産品など、既存のイメージを利用した問題作を数多く発表し、何度も著作権侵害で訴えられている。ポンピドゥーセンターとしてはそのようなトラブルに巻き込まれたくなかったので、クーンズ社に対し、「クーンズ社は、展示作品が他人の著作権を侵害していないことを保証し、第三者から訴えられたときは、クーンズ社の責任で対処する」との条項を、著作権利用許諾契約の中に入れてほしいと申し入れた。クーンズ社は、当初はこれに同意していたのだが、展覧会の開催日直前になって、「この条項は受け入れられない」と伝えてきた。このときには展覧会図録やグッズはすでに完成していたので、ポンピドゥーセンターは、ホイットニー美術館の展覧会の際には特に著作権に関するトラブルが生じなかったことを踏まえ、「問題はない」と判断し、それ以上の交渉や検討はせずに著作権利用許諾契約を締結して、予定どおり図鑑やグッズを販売することにした。しかし、この判断の甘さは、後に裁判で追及されることになる。

■彫刻作品「裸体（Naked）」事件（第1事件[9]）

著名な写真家の無名の写真を利用した作品だった

ホイットニー美術館が開催したクーンズ回顧展には、「裸体（Naked）」（1993年）と題された作品が出品されていた。全裸の男の子と女の子が肩を寄せ合って立っている磁器彫像だ。この作品は、2014年に亡くなったフランス人写真家ジャン＝フランソワ・ボーレ（1932年〜2014年）が1970年に撮影した、「子供たち（Enfants）」というタイトルの写真を利用し、ほぼ同じポーズの子供たちの磁器彫像を制作したものだった。ボーレは、男女のヌードをモチーフにしたモノクロ作品を得意とする、フランスで著名な芸術写真家だったが、「子供たち」という作品は一度も販売も商品化もされていない。ただし、ボーレ本人が1984年に発表した論稿にこの写真を掲載していた。クーンズは、たまたまこの論稿を読んだときに写真を目にし、これを立体化した彫像「裸体」を制作していたのだ。

2014年10月頃、その年に亡くなったボーレの遺族たちは、ホイットニー美術館の回顧展に「裸体」が出品されたことと、パリのポンピドゥーセンターでも同じ展覧会が巡回してくることを知り、クーンズ社に対し、「この作品はボーレの著作権を侵害するので、パリでは展示しないように」と求める書簡を送った。しかし、クーンズ社からは何も回答がないので、11月末、ポンピドゥーセンターにも同じ通知をした。

回顧展には出品されなかったのに訴えられる

ポンピドゥーセンターは、ボーレの遺族から通知を受け取る前に、「裸体」の出品を取り止めることにしていた。この作品は、ニューヨークからパリへの移送中に損傷し、展示できなくなったためだ。ただし、これは直前の決定だったため、展覧会図録にはこの作品の画像がそのまま掲載され、マスメディアにも展示作品の一つとして紹介されている。

2015年1月、ボーレの遺族たちは、「裸体」が回顧展に出品されていると思い込み、ジェフ・クーンズ、クーンズ社、ポンピドゥーセンターに対して、著作権侵害を理由に、作品の展示の禁止、図録やグッズの販売禁止と廃棄、および損害賠償を求める訴訟を、パリの裁判所に提起した。

これに対し、被告になったポンピドゥーセンターらは、「裸体」の出品は取り止めたことを伝えたので、主な争点は、「裸体」が掲載された展覧会図録やグッズの製作・販売が著作権侵害にあたるかどうかに絞られた。

クーンズの「裸体」は「子供たち」のパロディか?

フランスの著作権法は、「著作権者は、その著作物を他人がパロディとして利用する行為を禁ずることはできない」との規定を設けている。「パロディ」とは、元々の作品を模倣しながらその特徴を風刺することにより、新たな意味を生み出す芸術の手法である。フランスには古くからパロディの遊び心を楽しむ文化があるので、このような例外を設けているのである。被告であるクーンズ社とポンピドゥーセンターは、「クーンズ作品はパロディなので、著作権法が定める例外にあたる」と主張した。

しかし、裁判所は、「被告クーンズによる彫像はパロディではない」と述べ、この言い分を認めなかった。フランスの判例法上、他人の作品を利用した作品が利用された作品の「パロディ」と認められるには、それを観た人々に利用された側の作品のことを思い起こさせ、かつ利用された作品に対するユーモアや嘲笑を表現していると感じさせるものでなければならない。しかし、ボーレの「子供たち」は論文に引用されただけのほぼ無名の写真なので、裁判所は、「裸体」を観ても「子供たち」を思い起こさないし、「裸体」を「子供たち」に対するユーモアや嘲笑と感ずる人もいないと判断したのである。

ポンピドゥーセンターも著作権を侵害している

フランスの著作権法上、著作権の侵害による損害賠償義務を負うのは、他人の著作物であることを知りながら、または注意を怠ったために他人の著作物であることに気づかずに、無断でコピーした場合やそのようなコピーを載せた書籍等を販売した場合に限られる。そこで、被告ポンピドゥーセンターは、『裸体』がボーレの写真『子供たち』の著作権を侵害していることは知らなかったし、知るすべもなかった」と主張した。これに対し、原告は、「被告ポンピドゥーセンターは、クーンズが過去に何度か著作権侵害で訴えられて敗訴判決を受けたことを知っていたはずだし、クーンズ社に対して『作品が他人の人の著作権を侵害していないこと』の保証を求めたくらいだから、今回もそのおそれがあると気づいていたはずだ。それなのに、クーンズ社から保証を断られた後、漫然と展覧会図録などを販売した点において、責任を免れない」と反論した。

裁判所は、原告側の言い分を認め、「被告ポンピドゥーセンターは、美術品取扱いを専門とする美術館として行うべき注意をせずに『裸体』を掲載した図録等を販売したことにより、著作権を侵害している」と判断した。ただし、「被告ポンピドゥーセンターが原告らから『裸体』がボーレの著作権を侵害する旨の通知を受けたのは展覧会開催の直前だったこと、通知を受けた後には、『裸体』を利用したグッズの販売を中止していることなどからすれば、クーンズ社よりは責任が軽い」と評価し、被告ポンピドゥーセンターの損害賠償責任については、全損害額の10パーセントに減額し、その限度で被告クーンズと共同責任を負わせた。

結論

２０１９年12月、パリの控訴裁判所は、被告クーンズ社に対し、ボーレ作品の著作権と著作者人格権を侵害したことによる損害賠償金と訴訟費用を併せて、合計５万４０００ユーロ（約６６０万円）の支払を、被告ポンピドゥーセンターに対しては、その10パーセントの共同負担をそれぞれ命じた。被告ジェフ・クーンズ本人については、展覧会図録やグッズの作成や販売には関与していなかったので、賠償義務なしとされた。

■彫刻作品「冬の出来事（Fait d'Hiver）」事件（第2事件†10）

この回顧展には、クーンズが1988年に「バナルティ（陳腐さ）シリーズ」の一つとして制作した「冬の出来事」というタイトルの陶器製の彫像作品も出品された。白い砂利の上に横たわった若い女性、女性の頭に鼻を近づける子豚と、子豚の隣りで女性を見つめるペンギンを組み合わせた磁器彫刻作品だ。

この作品は、コマーシャル写真家フランク・ダヴィドヴィッチが撮影した、ファッションブランド「ナフナフ（Naf Naf）」の広告用写真「冬の出来事」を利用して制作したものだった。ダヴィドヴィッチの作品は、雪の上に仰向けに寝転がった若い女性の頭髪の匂いを嗅ぐ子豚を撮影したモノクロ写真に「冬の出来事」のタイトルと「NAF-NAF」のロゴを入れたもので、1984年に「ELLE」、「marie claire」その他のフランスの婦人雑誌にインサート広告として掲載された。クーンズはこれを見つけて、写真と同じ構図の女性と子豚の彫像を業者に造らせたのである。子豚の横にペンギンを追加した点、子豚に花輪のネックレスを付けた点などを除けば、写真作品をそのまま立体化したに等しかったうえ、作品のタイトルまでも同じである。

ダヴィドヴィッチは、この作品がポンピドゥーセンターのクーンズ回顧展に出品されていることを知り、2015年1月、ジェフ・クーンズ、クーンズ社とポンピドゥーセンターに対して、著作権侵害を根拠として、クーンズ作品「冬の出来事」の複製禁止、ウェブサイトへの掲載禁止および損害賠償を請求する訴訟をパリの裁判所に提起した。

アメリカ著作権法のフェアユースは適用されない

この事件では、被告クーンズらは、アメリカ著作権法の「フェアユース」を根拠にして、原告ダヴィドヴィッチの広告写真を利用することが著作権侵害にならないと主張することにした。「フェアユース」は、「他人の著作物を正当な目的のために利用する行為（フェアユース）は著作権者の許諾をとらずに行うことができる」という、アメリカの著作権法上のルールである。被告クーンズらは、「原告ダヴィドヴィッチの広告写真を模倣したのは、彼が新たな芸術作品を創作するためであり、これは社会を文化的に豊かにするという正当な目的のために利用する行為なので、『フェアユース』として許されている」と主張しようとしたのである。しかし、この主張は、「クーンズがダヴィドヴィッチの著作権を侵害したか」という法律問題に、アメリカの著作権法が適用されることを前提としている。そこで、被告らはまず、「アメリカ人である被告クーンズがアメリカで製作した作品による著作権侵害の問題は、アメリカ法により解決すべきである」と主張した。しかし、フランスの裁判所は、「原告ダヴィドヴィッチの広告写真はフランスの著作権による保護を受け、この事件ではフランスで開催されている回顧展によりその著作権が侵害されたかどうかが争われているので、この問題の解決は、アメリカ法ではなく、フランスの著作権法によるべきである」と述べ、クーンズの主張をしりぞけた。フランスの著作権法には、アメリカの「フェアユース」のようなルールが存在しない。

クーンズの「冬の出来事」はフランス著作権法におけるパロディではない

次に、被告クーンズらは、「仮にこの事件にフランス法が適用されるとしても、クーンズ作品は、ダヴィドヴィッチの写真作品のパロディである」と、第1事件と同様にパロディによる例外を主張したが、裁判所はこの言い分も認めなかった。公衆がクーンズの作品を見て、30年も前にファッション誌に掲載された広告写真を思い起こしたり、それに対するユーモアや嘲笑を表していると感じたりするとは考えられないからだ。

クーンズ作品を展示したポンピドゥーセンターも著作権を侵害している

被告ポンピドゥーセンターは、作品を展示公開した美術館という立場からの反論として、「美術館には、近現代美術の作品を公衆に公開して市民を教育するという使命があること」を強調し、「ジェフ・クーンズ作品を展示し、その作品を掲載した図録等を公表することは、公共施設としての使命を果たすための行為である」と主張した。しかし裁判所は、「違法な模倣品を展示公開することはポンピドゥーセンターの使命に含まれていない」と述べて取り合わなかった。そして、「過去に何度も著作権侵害で訴えられるというトラブルを起こしているクーンズの作品について、事前に何らの調査もせずに展覧会を開催し展覧会図録などを発行したのだから、被告ポンピドゥーセンターも著作権侵害をしている」と判示した。

ただし、この事件でも、裁判所は、被告ポンピドゥーセンターが展示する作品の選定をしたわけではないこと、「他人の著作権を侵害していないことを保証する」との条項を展覧会の直前に拒絶されたことなどを考慮して、「被告ポンピドゥーセンターの責任は軽減される」と判断し、損害賠償責任については全損害額の20パーセントの限度で、被告ジェフ・クーンズおよびクーンズ社と共同責任を負わせた。

結論

2021年2月、パリ控訴裁判所は、被告クーンズ、ポンピドゥーセンターらによる彫像作品「冬の出来事」の展示・複製を禁止し、被告クーンズに対して著作権侵害による損害金合計19万ユーロの支払を、被告ポンピドゥーセンターに対してはその20パーセントの共同負担をそれぞれ命じた。

■事件の評価と教訓

同じ美術品であっても展示する国によって著作権侵害になる場合とならない場合がある

この2つの裁判事件で、クーンズ側は、彼の作品がパロディであると主張したが、どちらとも、裁判所はこれを認めなかった。フランスの著作権法上、他人の著作物（原作）を利用してそのパロディを作ることは許されているが、原作を思い起こし、原作やその作者を嘲笑したりコメントしたりしているものでなければパロディにはあたらない。したがって、フランスでは、他人の作品を利用して別の作品を制作した者は、自己の作品において原作をはっきりと示して批判・嘲笑している場合、または利用された原作が、誰でもその批判・嘲笑だと気づくほどに広く知れ渡っている場合を除き、著作権侵害の責任を免れない。

これに対し、アメリカ著作法権における著作権侵害の例外である「フェアユース」は、原作に対するパロディに限定されず、原作を利用することにより、社会に対するメッセージを伝える新たな創作物を生み出していれば足りるとされている。たとえば、コマーシャル写真を複製して、大量生産社会全体を批判するメッセージを含む作品を制作した場合、その作品は新たな創作物といえるので、著作権侵害にならない可能性があるということだ。[†11] このように、他人の作品を利用した作品が著作権侵害になるかどうかは、どの国の著作権法が適用されるかに左右される。日本の著作権法には、アメリカのような「フェアユース」の制度はないし、フランスと異なり「パロディ」を認める規定もないので、[†12] アメリカやフランスでは著作権者の同意をとらずに展示できる作品であっても日本では許されない場合がでてくる。

第2事件の裁判所は、利用される側の作品がフランスの著作権法の保護を受け、侵害行為がフランスで行われた場合はフランス法が適用されると判断した。日本の法制度上もこの点はほぼ同じであり、日本国内で著作権侵害にあたる行為があったかどうかの問題には日本の著作権法が適用される。したがって、日本の美術館が他の国の展覧会の巡回展を開催しようとする場合は、他国では問題なく出品され展覧会図録等に掲載できた作品であっても、日本の著作権法上は大丈夫かどうかを改めて検討する必要がある。

美術品を展示した美術館も著作権侵害の責任を問われることがある

2つの事件の裁判所は、被告ポンピドゥーセンターがクーンズの2作品を展覧会に展示し、展覧会図録等に掲載した行為は、それらが他人の著作権を侵害している事実を知らなかったとしても著作権侵害にあたると判断した。これまでにクーンズがたびたび著作権侵害で訴えられてきた事実に鑑みれば、美術館としても慎重に調査をしておくべきだったということだ。さらに、第2事件の裁判所は、美術館の使命に照らしても、著作権を侵害する作品の展示は許されないと述べ、著作権侵害の調査を怠った美術館が責任を負うべきことを明らかにした。しかし、実際上、展覧会を開催する美術館は、図録に掲載する作品が他人の著作権を侵害しているかどうかまでを自ら調査するのは困難である。だからといって、過去に訴えられた芸術家の作品の展示を差し控えていては、それこそ美術館の使命を果たすことができなくなる。美術館にとって可能な実務としては、過去に著作権侵害の問題があったアーティストの作品を扱う場合は、アーティスト本人に確認して、他人の著作物の著作権を侵害していないことの確約を求めるべきだろう。この約束を拒まれた場合、美術館は、その作品の図録への掲載を見合わせるか、あるいはリスクを覚悟のうえで掲載するかを選択しなければならない。

■ジェフ・クーンズと著作権裁判

現代アートの寵児、ジェフ・クーンズは、存命する現代美術家の中で最も商業的に成功しているアーティストである。彼の作品には、ありふれた大量生産品、安っぽい日用品、広告写真などをそのまま複製したり模倣したりして自分の作品として提示したものが多いので、利用された作品の制作者からしばしば著作権侵害で訴えられている。有名なものとして、アメリカでは、8匹の仔犬を抱いた夫婦のスナップ写真と同じポーズの立体彫像にしたため写真家に訴えられた「ストリング・オブ・パピーズ」事件（1992年にクーンズ敗訴）、人気新聞マンガ「ガーフィールド」に登場する犬のキャラクターを真似て漫画家に訴えられた「ワイルドボーイ・アンド・パピー」事件（1993年にクーンズ敗訴）、広告写真に写った女性の両足部分だけを切り取ってナイアガラの滝と合体させてコラージュ作品にした「ナイアガラ」事件（2006年にクーンズ勝訴）、映画「ピンクパンサー（ピンクの豹）」（のちにシリーズ化され「ピンクパンサー2」……と続いた作品）のキャラクターをそのまま利用した「ピンクパンサー」事件（裁判外で和解）がある。これらのうち、裁判所が「著作権を侵害していない」とのクーンズの主張が認めたのは、いまのところ「ナイアガラ」事件だけだ。[†13] 2024年現在も、アメリカのデザイナー、マイケル・ヘイデンから、クーンズが元妻でポルノ女優のチチョリーナとのセックスシーンを表した「メイド・イン・ヘヴン」という作品は著作権を侵害しているとして訴えられている。

他方、彼が原告となって訴訟を起こした事件もある。「バルーンドッグ」の著作権に関する事件である。「バルーンドッグ」は、風船をねじって組み合わせて作る犬の人形と同じ造形を、高さ3メートルを超えるサイズに巨大化したステンレス製の彫像で、彼の代表作というべきものだ。2010年、クーンズは、パーク・ライフというサンフランシスコのギャラリーがバルーンドッグ型のブックエンドを販売していることを知り、著作権侵害でこの会社を訴えた。しかし、バルーン犬は昔からお馴染みの風船人形であり、クーンズはそれを真似たに過ぎない。パーク・ライフ社はそのことを指摘し、「原告クーンズは著作権者ではない」と主張したところ、翌２０１１年、この裁判は審理に入る前に和解により解決した。クーンズは、「被告はその商品にクーンズの作品であることをうかがわせる表示をしないこと」を条件として訴訟の取下げに同意したのだ。そのような表示をしていないパーク・ライフ社にとっては何の痛みもない条件であり、実質的にはクーンズの敗訴に近い。

クーンズは著作権法とはかなり相性が悪いようで、こうした裁判により数百万ドルを超える出費を余儀なくされてきた。ただし、これらの裁判事件は、クーンズ作品の知名度と商業的価値を高める役割を果たしてきた面もある。「バルーンドッグ」の裁判が解決した後である２０１３年に行われたクリスティーズのオークションにおいて、彼の「バルーンドッグ（オレンジ）」が５８４０万ドル（約63億円）で、さらに２０１９年のオークションでは、バルーン型の「ラビット」という作品が、存命中のアーティストとしては史上最高額の９１１０万ドル（約１００億円）で落札されている。

10 デジタルアートの展覧会

●デジタルアートは今世紀のアート界を席巻している。一例として、2023年から2024年3月、東京の豊洲の「デジタルアートミュージアム：チームラボプラネッツ TOKYO DMM」が250万人の来場者を集め、ギネス世界記録に認定された。注目すべきは、デジタルアートの展覧会は、10代のカップルや学生、子連れの夫婦等、普通の美術展に足を運ばないZ世代とα世代（20代から子供まで）に人気がある点だ。既存の近現代美術館もこの状況を無視することはできないので、デジタルアートをコレクションに加え始めている。

●「デジタルアート」とは、コンピューターによって作成される写真、映像その他の芸術作品のことである。これらは、サーバー、クラウドやUSB等の媒体に保存され、物理的には存在しない。しかも、印刷やダウンロードによって無数に複製されるため、売買取引の対象にはなり難かったが、現在は、NFT（ブロックチェーン技術を利用して作成された唯一無二のデータ）を利用した取引の普及により、誰でも買うことができる。ただし、NFTの売買は、デジタル証書に記録されたデータの書換えに過ぎず、作品が物理的に引き渡されるわけではない。普通の美術品の買主は原作品を所有し、他人に見せたり貸したり売却したりできるのに、原作品が存在しないデジタルアートの買主は作品を「所有」できないのだ。この違いは、特にデジタルアートの展覧会に影響する。

●一般に、著作物の展示は著作権を利用する行為であり、本来は著作権者から利用許諾を受けなければならないのだが、著作権法は、美術展を開催しやすくするための例外規定を設け、作品の所有者やその同意を得た者は、著作権者の許諾を得なくても展示公開できることにしている（著作権法45条1項）。さらに、展示した「原作品」を紹介・解説する目的で、そのコピーを小冊子に掲載したり解説ビデオを上映・配信したりすること、展覧会を宣伝するために作品の載せたフライヤーを配布したりインターネットで公開したりすることなども、度を過ぎない程度であれば許される（著作権法47条）。

●しかし、これらの例外規定は、デジタルアートには適用されない。原作品が存在しないデジタルアートは、映写用スクリーンやモニター画面等に作品を映し出す方法でしか公開できないからだ。現行の著作権法は、そのような方法による「展示」を想定していないので、美術館がデジタルアートの展覧会を開催するには、著作権者に作品の展示方法、作品解説の方法等を説明したうえで同意を得なければならない。また、美術館が購入して収蔵するデジタル作品を今後も展示できるようにするには、著作権者との間で著作権の利用許諾契約を締結し、良好な関係を保ってこの契約を維持していく必要がある。なお、展覧会図録、グッズ等の製作・販売に著作権者の許諾が必要な点は、他の美術作品の場合と同じだ。

●従来、美術館の活動の中心は、美術品を収集・保存・管理したり、特別展のために借り入れたりすることだったが、デジタルアートの時代の美術館にとって最も重要な任務は、作品に関する著作権を利用する権利の確保とその管理へと移行している。

11 AIアートと美術館

●最近、生成AIを活用したアート作品（AIアート）が増えている。「生成AI」とは、あらかじめ学習した既存の画像、音声等のデータをもとに、新しいコンテンツ（別の画像、音声等）を自動的に生成することができる人工知能（AI）のことをいう。アーティストは、生成AIに条件を与えて指示をすると、AIがこの指示に従って勝手に新しい画像等を生み出すので、これを新作の素材にしたりヒントにしたりすることができるのだ。

●2023年、ニューヨーク近代美術館では、デジタルアーティストのレフィック・アナドル（1985年〜）がAIに生成させた映像作品を巨大スクリーンで展示して話題を呼んだが、今日では、美術館によるAIアートの展示は常態化している。

●さて、通常、展覧会を開催する美術館は、展示作品の著作権者が誰であるかと、作品が他人の著作権を侵害するおそれがないかを事前に確認する。著作権者の承諾を得ておかなければ、展示作品の画像を用いて展覧会図録やグッズの製作販売ができないし（【事件03】参照）、デジタル作品の場合は展示そのものができないからだ（【コラム10】）。また、展示作品が他人の著作物を勝手に利用していた場合、美術館が展示の差止めや損害賠償請求を受けるおそれもある（【事件12】）。この確認は、AIアートの展覧会の際も必要だが、困ったことに、今の著作権法上、どのようなAIアートが法の保護を受ける著作物なのか、それが他人の著作権を侵害するおそれがあるのか等の点はあまりはっきりしない。現時の実務として、リスク回避のために以下のような対応をするほかなさそうだ。

●まず、AIアートを展示する美術館は、原則として、作品を制作したアーティストを著作権者として扱い、著作物利用の許諾を求めた方がよい。著作物は、作者の思想や感情を創作的に表現したものを指し、AIアートの場合は、利用者がAIを道具として利用して作品を創作したかどうかによる。文化庁の見解によれば、この点は、①AIに対して具体的で詳細な指示をしていたか、②生成物を確認し指示・入力を修正しつつ試行を繰り返したか、および③複数の生成物から選択したかを総合して判断することになる。しかし、美術館が展覧会を企画するレベルのアーティストは、自分の作品を生み出すためにAIを利用する際、通常、①、②、③のような作業を行っているはずだ。

●次に、作品が他人の著作権を侵害していないかについて、通常の場合は、アーティスト本人に、他人の著作権を侵害していないこと、すなわち、他人の著作物を真似て作品を作ってはいないことを確約してもらう方法で確認する。しかし、AIアートの場合、大量のデータを学習している生成AIの利用者に過ぎないアーティストが、これを確約できるとは限らない。したがって、美術館自身が、画像検索ツール等により類似作品の有無をチェックした方が安全だろう。類似作品が見つかったときは、美術専門のスタッフが見比べて著作権侵害の可能性を判断すべきだ。文化庁は、「生成AIに学習させた著作物の中に類似作品があるときは、AIがこれを真似て著作権を侵害したと推定する」と解しているので、裁判所にも「著作権侵害あり」と認定される可能性が高い。

12 大英博物館の杜撰なコレクション管理とデジタル・アーカイブ

●大英博物館のコレクションは、1753年の創立以来、貴族、富豪、実業家等から受けた寄贈品や購入品などにより拡大を続け、収蔵品は800万点を超えている。そのうち、展示公開されているのは1パーセントほどに過ぎず、残りは研究目的のために地下の収蔵庫に保管されている。

●2023年8月、この収蔵庫から、古代ギリシャ、ローマの貴金属やガラスの宝飾品など、2000点に近い収蔵品が盗まれていたことが発覚した。管理責任者のピーター・ヒッグスというキュレーターが、25年にわたって少しずつ盗み出し、ECサイトに出品して売却・換金していたようだ。大英博物館は、ヒッグスを解雇し、彼を相手に訴訟を提起するとともに、盗まれた品々の購入者を探して取戻しにかかっている。ハートヴィヒ・フィッシャー館長とジョナサン・ウィリアムズ副館長は、この責任をとって辞任した。

●この事件で明らかになった最大の問題は、大英博物館が25年もの間、この事実に気づかなかった点だ。その主因は、驚いたことに、大英博物館が収蔵品をデジタル・アーカイブ化していなかったため、担当者以外の者には収蔵庫からの出入れを確認できなかったからだという。「デジタル・アーカイブ化」とは、博物館等の収蔵品その他の資料をデジタル方式で記録し、データとして保存、蓄積し、ネットワークにより検索できるようにすることだ。大英博物館は、収蔵品の一部しかこの作業をしていなかったのだ。ジョージ・オズボーン理事長は、再発防止のための収蔵品の記録と管理強化のため、1000万ポンド（約20000億円）をかけたデジタル化プロジェクトに着手すると公約している。

●さて、日本の美術館・博物館のデジタル・アーカイブ化はどの程度進んでいるのだろうか？　2022年に改正された博物館法は、インターネットによる情報共有・収集が一般化している現況を踏まえ、美術館・博物館が行うべき事業の一つとして「博物館資料のデジタル・アーカイブ化」を追加した（3条3号）。しかし、日本博物館協会の調査によれば、デジタル・アーカイブ化をすでに実施している美術館・博物館は、全体の4分の1程度で、また、デジタル化した資料のすべてをインターネット上に公開している施設は9パーセントほどに過ぎない。これを行うには、ICT*に関する専門知識と技能を持つ人材が必要だが、ほとんどの美術館・博物館にはそのための予算と余裕がないためだ。

●2020年以降のコロナ禍は、デジタル情報を発信していない美術館・博物館は、長期休館を余儀なくされたときは存在しないに等しいという現実を突き付けた。さらに、2023年に発覚した大英博物館の事件は、デジタル・アーカイブ化が遅れた美術館・博物館は、収蔵品の保管・管理という最も基本的な使命すら果たせないことを明らかにした。収蔵品のデジタル・アーカイブ化は、文化庁と美術館・博物館が取り組むべき喫緊の課題である。

Ⅳ

文化財の
購入、変更、処分の規制

歴史的・文化的な価値がある美術品や文化財は、安全な保管場所の確保、保守・修繕、盗難・災害予防措置やそのための保険等に膨大な費用がかかるので、最終的には美術館・博物館に寄贈、寄託または売却され、その収蔵品になることが多い。しかし、そこに至るより前に、これらを所蔵している個人や民間企業のもとで滅失・損壊したり国外に流出したりするおそれがある。また、すべての美術館等が文化財を適切に保存・管理できるわけではないし、建造物、庭園、遺跡、史跡のように美術館等に収められない文化財もある。

そこで、日本を含む多くの国では、自国内にある重要な美術品や文化財の滅失・毀損や国外流出を防止して保護するための法律（文化財保護法）を定めている。そのような法律は、国が保護の対象に指定した美術品や文化財の所有者に対して、作品を適切に維持・管理し、現状を勝手に変更しない義務、その所在等の届出をし、保管場所を変えたり処分したりするときは事前に報告する義務などを課し、また、国外への持出しは原則として禁じている。さらに、所有者が美術品を売却しようとする際における国の先買権、すなわち買主が申し出ている購入代金と同じ金額で国が文化財を買い取る権利を定めていることが多い。

このように、文化財保護法による保護の対象に指定された美術品や文化財の所有者は、自己の所有物の取り扱いや処分に関して様々な負担や制限を課されるので、そうした規制がどこまで及ぶのかという問題がしばしば争われる。

【事件 13】、【事件 14】は、文化財保護法の指定を受けた美術品の売買の効力が争われたイタリアと日本の事件、【事件 15】は、歴史的建造物の所有者が建物に変更を加えようとした事件である。最後に、文化財指定を受けていないストリートアート作品を破壊する行為に関し、著作権法違反の責任が問われたアメリカの事件を【事件 16】で紹介しよう。

事件 13

イタリアで重要文化財に指定されたヴァン・ゴッホ作品「庭師」の買主は？

バイエラー対イタリア事件［イタリア］

■事件の経緯

イタリアに渡ったゴッホ作「庭師」がイタリアの重要文化財に

ヴァン・ゴッホ（1853年〜1890年）が描いた「庭師」または「若い農夫の肖像」と呼ばれる油彩画（1889年）《口絵04》は、1910年にフランスのローゼンバーグ画廊を通じてイタリア人の美術収集家に売却され、フィレンツェに持ち込まれた。当時のイタリアではゴッホは無名に近かったが、その後、ゴッホの知名度が上がるにつれて「庭師」の評価も高まり、イタリア国内の数少ないゴッホ作品としてあちこちの展覧会に出品された。

1954年、イタリア政府は、この絵を、イタリアの文化財保護に関する法律（文化財保護法）に基づく国の重要文化財に指定した。文化財保護法は、イタリア国内にある重要な美術品や文化財の海外流出を防止して保護するための法律である。この法律に基づいて重要文化財に指定された作品の所有者は、政府の許可なく作品を輸出することが禁じられ、その保管場所や所有者を変更する際は政府に届け出なければならない。さらに、所有者が作品を売却しようとするときは、買取希望者の名前とその申し出た希望買取価格を事前に政府に通知し、イタリア国に「先買権」を行使する機会を与えなければならない。先買権とは、所有者が作品を第三者に売ろうとするとき、買い手が申し出た価格と同じ金額で買い取ることができる権利のことである。

スイスの画商に買い取られていた

1977年、当時この絵を所有していたイタリア人、ジョバンニ・ヴェルシオは、ローマの画廊経営者シルベストロ・ピエランジェリにこれを6億リラで売却することにした。この頃、「庭師」のような著名な絵画は窃盗犯からたびたび狙われるようになり、ヴェルシオ氏のような個人収集家が管理を続けるのは困難になったからだ。

ヴェルシオ氏は、文化財保護法の「所有者が作品を売却するときは、事前にイタリア政府に買取希望者名と合意した代金を通知しなければならない」との規定に従い、画廊経営者であるピエランジェリ氏の名前と合意した希望買取価格6億リラをイタリア政府に通知したが、政府は先買権を行使しなかった。文化財保護法によれば、イタリア国が通知を受けた後2か月の間に先買権を行使しないときは、所有者は買取希望者に売却ができる。ヴェルシオ氏は、この規定に基づき、通知から2か月が経った後にピエランジェリ氏に絵画を6億リラで売却し、新所有者としてピエランジェリ氏の名を政府に届け出た。

ところが、このときにヴェルシオ氏が政府に通知した、「庭師」の買取希望者名は実は間違っていて、この絵の本当の買主はエルンスト・バイエラーという名のスイスの画商だった。ピエランジェリ氏は彼の代理人に過ぎなかったのだが、そのことを売主ヴェルシオ氏に伝えず、自分の名前で交渉して売買契約を締結していた。このため、ヴェルシオ氏は代理人を買主と思い込み、この絵の真の買主がスイスの画商であることを政府に通知しなかったのだ。

グッゲンハイム美術館の購入申入れ

本当の買主であるバイエラー氏は、購入した「庭師」をイタリア国外に持ち出したかったが、文化財保護法上はできそうもない。そこで、絵画をピエランジェリ氏に預けたまま転売先を探したところ、ベニスのペギー・グッゲンハイム美術館が買い手として名乗りを挙げた。1983年の12月、バイエラー氏は、イタリア政府に連絡を取り、「1977年にこの絵を購入し、現に所有しているのは、ピエランジェリ氏ではなく、自分、エルンスト・バイエラーである」と初めて告げた。そのうえで、政府に対し、「現在、グッゲンハイム美術館が210万ドル（約5億円）でこの絵を買いたいと申し出ているので、政府はこの金額で購入しないか」と打診した。しかし、イタリアの文化財保護法上、国が先買権を行使できるのは所有者と買取希望者との間で代金が決まった後とされているので、政府は、翌84年1月、「法律上、現時点ではまだ先買権を行使できない」と伝えて断った。

国立近代美術館への寄託を命じられる

その後、バイエラー氏とペギー・グッゲンハイム美術館の間で売買交渉が本格的に始まる。1985年4月、バイエラー氏は、イタリア政府から許可を得て「庭師」をベニスに搬送し、ペギー・グッゲンハイム美術館の専門職員に検分させている。

しかし、この頃から、イタリア政府は作品の持ち主について疑問を抱き始めた。1977年に買取希望者として通知され、新所有者として届け出られたのは、イタリア人、ピエランジェリ氏だったのに、1983年12月以降、スイスの画商、バイエラー氏が、突然「自分が所有者だ」と言い出したからだ。1986年4月、政府はピエランジェリ氏とバイエラー氏に対し、「庭師」の真の所有者がどちらなのかを示す証拠の提出を求め、「所有者が明らかになるまでの間、絵画をローマの国立近代美術館に一時的に預けるように」と命じた。2人はこの命令に従って作品を国立近代美術館に寄託し、ピエランジェリ氏がバイエラー氏の代理人だったことを示す証拠として、両者間の契約書などを政府に提出した。

バイエラー氏とペギー・グッゲンハイム美術館の間の売買交渉が続いている間、ゴッホの評価とその作品の市場価格がどんどん高まったため、交渉価格も吊り上がっていった。1988年5月に最終合意に達した売買代金額は850万ドル（約11億円）だった。

バイエラー氏は、グッゲンハイム美術館と合意したこの価格を直ちにイタリア政府に伝え、国による買取りを打診した。しかし、政府はこのときも先買権を行使しなかった。

11億円の買値が付いた絵を20分の1ほどの金額でイタリア国が買い取る

1988年7月、バイエラー氏は、ペギー・グッゲンハイム美術館と売買契約を締結し、作品を引き渡すため、イタリア政府に対し、国立近代美術館に預けている絵の返却を求めた。しかし、政府は、「バイエラー氏は1977年に届け出られた買主ではないので、作品の所有者とは認められない」として、これに応じなかった。この年の11月、イタリア政府はバイエラー氏に対し、「1977年に前所有者ヴェルシオ氏から通知を受けた売却申出により国は先買権を有するので、この権利を行使して絵画を買い取る」と通告した。「1977年当時の政府への通知は、買取希望者名を偽っていたので法律の要件を充たしていない。したがって、国の先買権はまだ存続していて、ヴェルシオ氏とバイエラー氏との間の売買は効力を生じていない」というわけだ。政府は、1977年に通知を受けた希望買取価格6億リラ（1988年当時の為替レートでは約5600万円）だけをバイエラー氏に支払って「庭師」を買い上げた。彼とペギー・グッゲンハイム美術館の間の合意価格の20分の1程度の金額で、事実上、作品を没収したことになる。

イタリアの裁判所では絵画を返してもらえず欧州人権裁判所へ

1989年1月、バイエラー氏は、この政府の措置の取消しを求めてイタリアの裁判所に訴訟を提起した。しかし、裁判所は、「1977年にバイエラー氏が真実を偽ったことにより、法律の要件を充たさない通知がなされていたのであり、政府の措置に違法な点はない」と判断して請求を認めなかった。バイエラー氏は上訴して争ったが、控訴裁判所でも最高裁判所でもこの判断は変わらず、1995年11月にイタリアの裁判における彼の敗訴が確定した。

そこで、1998年11月、バイエラー氏は、ストラスブールの欧州人権裁判所にイタリア共和国を被告として訴訟を提起し、イタリア政府の措置は欧州人権条約に違反していると主張して絵画の返還を求めた。「欧州人権裁判所」は、ヨーロッパの47か国が締結している欧州人権条約に基づいて、いずれかの締約国が他の締約国や国民に対して人権条約に反する行為をしているかどうかを判断するために設立された裁判所で、この裁判所から人権侵害ありとの判決を受けた締約国はこれに従う義務を負う。

■裁判†

「庭師」は国立近代美術館から盗み出されていた

欧州人権条約は、「すべての者は、その財産を平和的に享有する権利を有し、公共の利益のために法律が定める条件に従う場合を除き、財産を奪われない」旨を定め、欧州市民の財産権を保障している（条約第一議定書第1条）。原告バイエラー氏は、「イタリア政府が先買権を行使して原告が所有するゴッホの絵画をわずか6億リラで買い上げたのは財産権の侵害である」と主張した。これに対する被告イタリア共和国の言い分は、「被告は公共の利益のために文化財保護法の定める条件に従って先買権を行使したのだから、財産権の侵害には当たらない」ということに尽きる。

原告バイエラー氏はこれに対し、「原告はこの絵をペギー・グッゲンハイム美術館に売却することにしていた。この取引が行われた場合も、絵画はイタリア国内に留まり国内の美術館で展示公開されることになるのだから公共の利益は守られ、被告が先買権を行使して絵画を国立美術館に収蔵する必要はない」と反論し、さらに、「国立美術館に収蔵された絵画も安全性が保障されるわけではないので、公共の利益にかなうとはいえない」と主張した。

実際、この裁判が始まるより半年くらい前、ローマの国立近代美術館からゴッホの「庭師」が他の2作品とともに強盗団に奪われるという事件が起こっていた。幸い、イタリア警察が48日後に彼らを逮捕し、絵画は無事に取り戻されたが、「庭師」はこの間にかなりの損傷を受けた。原告バイエラー氏は、この盗難事件を理由に、国立美術館の管理の杜撰さを指摘したのである。しかし、この主張は欧州人権裁判所にしりぞけられた。「イタリアの文化財保護法が定める先買権は、重要な文化財の海外流出、紛失を予防するために国が市場での取引をやめさせることを目的とする合理的な制度であり、本件のような状況でイタリア政府がこの制度を用いたことには正当性が認められる」という判断だった。

法律の目的が正当でも個人の財産とのバランスを欠く措置は許されない

ただし、裁判所は、原告バイエラー氏が1983年12月にイタリア政府に対して自分が買主であると伝えていた事実に鑑み、政府が１９８８年まで先買権を行使しなかった点を問題視した。
欧州人権裁判所の裁判例によれば、法律による財産権の制限は、たとえ公共の利益のための正当な目的があったとしても、制限を受ける財産とのバランスを欠く場合は許されない。[†2] 裁判所は、この裁判例を引き、「イタリア政府は、１９８３年12月に原告が所有者であるとの連絡を受けたとき、１９７７年における通知の買取希望者名が正しくないことに気づき、この時に先買権を行使できたはずなのに、１９８８年11月までこれを放置し、当時の市場価格をはるかに下回る金額で絵画を買い上げた点は、あまりにもバランスを欠いている」と述べ、この点は欧州人権法に基づく財産権の侵害に当たると判示した。

結論

以上の判断に基づき、欧州人権裁判所は、２００２年5月、被告イタリア共和国に対し、１３０万ユーロ（当時の換算レートで約1億７８００万円）の損害賠償金の支払を命じた。[†3] これは、１９８４年から１９８８年までの間における「庭師」の評価額の上昇分を考慮した金額とのことだったが、計算の根拠は示していない。

■事件の評価

文化財保護法による指定を受けた作品の取引は制限される

イタリアの文化財保護法は、国が文化財に指定した美術品の所有者がその美術品を売却しようとする際には、国が先買権、すなわち買取希望者が申し出ている希望買取価格と同じ金額で文化財を買い取る権利があると定めている。この制度は、文化財が好ましくない者に所有されて散逸や損傷のリスクが増すのを防ぐことを目的としているので、政府が先買権を行使する必要があるかどうかを検討できるようにするため、買取希望者の名前と売却代金を事前に通知することが求められている。

この事件では、１９７７年の売買の際、指定文化財であるゴッホの絵の買取希望者は、スイスの美術商であるバイエラー氏だったのに、その事実はイタリア政府に通知されなかった。バイエラー氏が、自分が買主であることを売主に隠して、代理人の名で絵画を購入したためである。美術品取引市場において、美術品のコレクターや仲介者が名前を隠して取引することはけっして珍しくはないが、重要文化財に指定されている美術品についてこれを行うと法律上の通知義務違反となり、手痛いしっぺ返しを受けることになる。特に、イタリアの文化財保護法上、通知義務に違反する取引は効力が生じないとされているので、バイエラー氏は、イタリア政府に絵画を廉価で取り上げられてしまった。

この事件の欧州人権裁判所は、「わずか6億リラ（５６００万円）で絵画を買い上げるという措置はあまりにはバランスを欠いている」と判断し、イタリア国に対して１３０万ユーロの追加払いを命じたが、これを加えても、イタリア政府の支払額はゴッホ作品の当時の市場相場を大きく下回っている。たとえば、１９８７年の5月（本件でイタリア政府が先買権を行使した年の前年）に、ゴッホ作「ひまわり」を安田火災（現損保ジャパン）が58億円で落札し、その年11月は「アイリス」（１８８９年）をポール・ゲティ美術館が66億4000万円で購入、さらに1990年には、「医師ガシェの肖像」（1890年）が日本のコレクターにより114億円という史上最高額で落札されているのだ。これらと比較すれば、イタリアは、文化財保護法の通知義務違反があったおかげで破格の値段で買い物をできたことがわかる。

■ゴッホと「庭師」

ヴィンセント・ヴァン・ゴッホは、27歳で画家になってから37歳でピストル自殺をするまでの10年間に900点近い油彩画を残しているが、その主要作品の多くは、晩年の2年間を過ごした南仏時代に描いたものである。彼は、1888年、芸術家の共同アトリエを築くことを目指してパリから南仏のアルルに移り住み、ポール・ゴーギャンとの共同生活を始める。しかし、性格や芸術観の違いから口論となり、精神を病んだゴッホが自分の耳を切り落とすという事件を起こしたため、ゴーギャンは彼のもとを去った。ゴッホは、1889年4月にサンレミの精神病院に入所し、独房のような病室で孤独な約1年間を過ごすが、この間に「星月夜」、「アイリス」、2枚の自画像や「糸杉」をモチーフにした多くの作品をはじめとする代表作を描いている。この事件で扱った「庭師」も、サンレミの精神病院にいた頃の傑作の一つである。緑豊かな木立の中に明るいシャツを着て佇む、生き生きとした青年の上半身を、黄、青、緑、赤の四原色の組み合わせにより点描の手法で描いた肖像画だ。

実は、この絵のモデルがいったい誰で、ゴッホはいつどこでこれを描いたのかについては、比較的最近まで謎に包まれていた。南仏時代のゴッホは、弟テオや友人の画家たちに多くの手紙を書き送り、描いた作品、そのモチーフや作成の意図を知らせているのに、この「庭師」ついて具体的に触れている彼の手紙は一つも見つかっていないからだ。当初は、アルル時代に農夫を描いたとする説もあったが、その後の研究により、サンレミ精神病院内の庭園で1989年9月に描いた作品であることがわかった。そして、2018年、サンレミにある美術館から「庭師」のモデルを明らかにする文献が見つけ出された。当時は精神病院の職員で入院患者の監視役をしていたという人物の話をその孫が書き留めたメモに、「この肖像画はジャン・バラルという男を描いたもの」と記されていたのだ。ジャン・バラルは実在し、1889年頃はサンレミの精神病院の庭園の手入れの仕事をしていた可能性が高いという。この頃のゴッホは人物画を描きたがっていたので、精神病院内で接触できる数少ない知り合いの一人であるバラルにモデルを頼んだのだろう。ゴッホの描く肖像画は、自画像も含めて無表情の人物像が多いが、この絵の人物は微笑みを浮かべており、ゴッホと親しかったことをうかがわせる。

ローマの国立美術館の至宝とされる「庭師」は、もう一つの有名なゴッホ作品、「ジヌー夫人の肖像」(1890年)と並べて展示されている。ボルゲーゼ公園の端にある館内は、年中混雑している他のイタリアの美術館とは異なり観光客が少ないので、印象派・後期印象派の傑作から現代アートまでをいつでもゆったりと鑑賞できる。

事件 14

奈良の新薬師寺が所蔵する重要文化財、准胝観音立像の売却

新薬師寺・仏像引渡請求事件【日本】

■事件の経緯

財政難により苦境に陥った新薬師寺

奈良、春日大社の南方にある新薬師寺は、747年、光明皇后が夫聖武天皇の病気平癒を願って建立したとされる古刹で、本堂にある木造薬師如来坐像、十二神将立像をはじめとする多くの文化財を所蔵している。しかし、第二次世界大戦後は、農地改革により寺領が大幅に縮小したうえ観光ブームにも乗り遅れ、寺は財政難に陥っていた。

1950年代の後半、寺の隣接地が売りに出され、マンション計画が取り沙汰されたため、新薬師寺は、境内の景観と安全を守るため、この土地を購入しなければならなくなった。そこで、土地の購入資

金を捻出するために仏像の一つである「准胝観音立像」を売却することにした。「准胝観音立像」は、母性を象徴する安産・子授けの観音菩薩の像で、戦前は国から国宝に指定され、戦後の文化財保護法上は重要文化財に指定されていた。新薬師寺は、この像を管理上の都合により奈良国立博物館に寄託していたので、この機会に国に買い取ってもらおうと考え、１９５６年10月、国の文化財保護委員会に売渡しの申出をした。しかし、翌年３月、文化財保護委員会はこの仏像を買い取らないことに決定し、その旨を通知してきた。新薬師寺はやむなく、他の売却先を探しながら、とりあえずはこの仏像を担保に民間から資金を借り入れ、隣地の買取りを行った。しかし、このときの借入先が高利貸しだったため、仏像の買い手が見つからないうちに借金が膨らみ、寺は苦境に陥ってしまった。このときに救いの手を差し伸べたのは、高名な美術品コレクターである菅原通済氏である。

著名な美術品コレクターに買い取ってもらう

古美術愛好家、菅原通済氏（１８９４年～１９８１年）は、江ノ島電鉄など数十社の社長を務めた実業家で、一時は政界のフィクサーとしても名をはせた。彼が趣味で蒐集した数多くの古美術や古文書は、鎌倉山に古民家を移築して開設した「常盤山文庫」という私設美術館で一般公開していた。１９５８年夏頃、通済氏は、新薬師寺が買い手を探している准胝観音立像を奈良国立博物館で見たうえで、この仏像を購入することにした。彼は、長男、菅原寿雄氏を通じて、新薬師寺に借入金返済のための資金を貸与するとともに、准胝観音立像を代金１５０万円で買い受ける旨の売買契約を締結した。購入した仏像は、常盤山文庫に収蔵し、無料で一般公開する予定でいた。

華厳宗を包括する財団は仏像売買を認めず

ところが、売買契約が締結された後に問題が発生した。新薬師寺は、仏教の宗派として、東大寺を総本山とする華厳宗に属し、その所有する宝物を処分する際は、華厳宗の寺院を包括する団体である、宗教法人華厳宗の承認を受けることが義務づけられている。新薬師寺は、当初に准胝観音立像を国に売却しようとした際、華厳宗の代表理事にその計画を説明して承認を受けていたが、今回の売買契約については承認をとらなかった。このことを事後に知らされた華厳宗の代表理事は、「国に対する譲渡を認めたが、民間人に対する宝物の売却は許さない」として承認を拒んだのだ。このため、新薬師寺は、売買契約を実行することができなくなってしまった。

その後、仏像の引渡しも借入金の返金もなされないまま10年が経過した。1969年、業を煮やした菅原通済氏と息子の寿雄氏は、新薬師寺に対して准胝観音立像の引渡しを求める訴訟を横浜地方裁判所に提起した。

■裁判†4

華厳宗を包括する団体の承認を受けない売買契約の効力は？

裁判において、被告新薬師寺は、菅原氏との売買契約の効力を争い、契約が無効である理由として2つの主張をした。その一つは、「売買契約は、華厳宗の代表理事の承認を受けていないので効力を生じない」との主張である。これに対し、原告菅原氏は、「包括団体である華厳宗の承認を受けるかどうかは、売主である被告新薬師寺の内部手続きの問題に過ぎない。買主である原告は、被告新薬師寺と売買契約を締結する際、売買契約には何も障害がないと信じて契約を締結したのだから、売主側の内部手続きに不備があっても契約の効力に影響しない」と反論した。

審理の結果、1972年7月、横浜地方裁判所は原告側の主張を認め、「原告と被告の間の売買契約は有効」と判断をした。宗教法人の活動に適用される宗教法人法24条が、「宝物の処分が規則に反して無効であったとしても、善意の相手方には対抗できない」と明記しているからだ。ここでいう「善意の相手方」とは、この事件の菅原氏のように、売主である宗教法人側の規則やその規則を守っていないことを知らずに購入した買主という意味である。

裁判所は文化財保護法の手続きを守らない文化財の売買契約も有効と判断

第一審の横浜地方裁判所が原告の言い分を認めて売買契約を有効と判断したので、被告新薬師寺は東京高等裁判所に控訴し、2つ目の主張をした。「この仏像の売買は文化保護法が定めている手続きをとらずに行われたので効力を生じない」との主張である。

文化財保護法は、重要な文化財が好ましくない者の手に渡ることを防ぐため、売主が重要文化財を処分する際における「国の先買権」の制度を設けている（文化財保護法46条）。これによれば、重要文化財を売却しようとする者は、相手方の住所氏名、予定対価の額などを記載した書面により国に対して売渡しを申し出なければならない。国は、この申出を受けた後30日以内に「申出に応ずる」と通知することにより、これを同じ代金で買い取ることができる。この30日の期間中、売主は重要文化財を売却することができない。被告新薬師寺は、この文化財保護法の規定を指摘し、「本件の売買契約は、国に対して売渡しの申出をせずに締結したのだから効力を生じない」と主張したのである。

しかし、東京高等裁判所はこの言い分も認めなかった。文化財保護法の先買権に関する規定は、重要文化財を売却する場合における国に対する売渡しの申出をする義務を課し、この規定に違反して重要文化財を売却した者には過料の制裁を課すと定めている。しかし、国に対する売渡しの申出をせずになされた重要文化財の売買の効力については何も規定していない。１９７３年2月、裁判所はこのことを根拠に、文化財保護法が定める売渡しの申出をしていなかったとしても、当事者間の売買の効力には影響がないと判断した。

被告新薬師寺はこの判断に納得できず、最高裁判所に上告して争ったが、結論は変わらなかった。最高裁判所は、国に対する売渡しの申出をせずになされた重要文化財の売買であっても、これを無効とすることは、「著しく取引の安全を害し、譲受人に不当な損害を及ぼすことになる」からだと述べている。†5

1975年3月、上告は棄却され、被告新薬師寺に対して原告菅原氏に仏像の引渡しを命ずる判決が確定した。

■事件の評価とその後

文化財購入の際は、文化財保護法に従った手続きがとられていることを確認すべし

すでに紹介した【事件13】は、イタリアの文化財保護法に基づく国の先買権に関する事件だった。イタリアの法律は、文化財の所有者が絵画を処分しようとする際に国に先買権行使の機会を与えるため、「所有者が重要文化財に指定された作品を売却するときは、事前にイタリア政府に買取希望者と合意した代金を通知しなければならない」と定めたうえ、この通知をせずに行った売買契約は効力を生じないことにしているので、買主バイエラー氏は、ゴッホ作品を購入してから9年以上が過ぎた後にイタリア政府から売買の効力を否定され、作品を廉価で取り上げられてしまった。これに対し、この【事件14】における日本の裁判所は、日本の文化財保護法に関し、「文化財保護法が定める手続きを踏んでいなかったとしても、当事者間の売買の効力には影響がない」と述べている。日本はイタリアとは異なり、文化財の保護よりも売買取引の当事者の利益を重視しているということだ。

ただし、この事件の買主である菅原氏は、文化財保護法違反に何ら関与していないという点において、【事件13】のバイエラー氏とは大きな違いがある。バイエラー氏は、自分が買主であることを隠して文

化財保護法違反を招いた張本人である。これに対し、菅原氏は、売主新薬師寺が売買に必要な法律上の手続きをとっていると信じて仏像を購入したのだから、最高裁判所の判決が述べたとおり、新薬師寺側の不手際を理由に売買を無効にすると「著しく取引の安全を害し、譲受人に不当な損害を及ぼすことになる」場合だった。そうすると、文化財保護法上の売渡しの申出がなされていないことを買主が知っていたのに、わざとそのまま取引したような場合は、そのような売買を無効にしても取引の安全を害さないので、日本の裁判所も、「売買は無効」と判断する可能性がある。

いずれにせよ、美術館や博物館が、重要文化財に指定されている文化財を購入しようとする場合は、売主が正当な権限を持っていることに加え、文化財保護法上の手続きをきちんと踏んでいるかどうかを確認し、場合によっては売主にそれを証明する資料の提示を求めるべきだろう。文化財保護に関する法令の理解と遵守は、これらの取扱いを専門とする美術館・博物館にとって、倫理上の義務でもある。[†6]

准胝観音立像は結局、国に買い取られる

さて、この事件の裁判所は新薬師寺に対して仏像の引渡しを命じたが、実際には、この准胝観音立像はその後も菅原氏に引き渡されず、常盤山文庫で展示されることはなかった。新薬師寺から仏像の寄託を受けている奈良国立博物館が応じなかったからだ。常盤山文庫は、1624年に金沢に建てられた武家屋敷を菅原通済氏が購入し、鎌倉山に移築した建物である。奈良国立博物館は、文化財保護の観点からこのことを問題にし、「国の重要文化財を脆弱な古民家に置くわけにはいかない」と主張して菅原氏

への引渡しを断ったのだ。菅原氏は、寄託品を預っている奈良国立博物館に対しても法的な手続きをとって引渡しを求めることができたはずだが、国立の博物館に収蔵されている仏像をそこまでして手に入れようとはしなかった。結局、准胝観音立像は所有者である菅原氏から寄託を受けているという形で奈良国立博物館に留まり続けた。

この不安定な状態は、判決から36年が過ぎた２０１１年、国が２００８年に亡くなった菅原寿雄氏の遺族から准胝観音立像を３億円で買い取ることにより解消された。現在、奈良国立博物館は、この像を文化庁からの寄託品として収蔵している。

■新薬師寺から3回盗まれ右手だけ残った旧国宝・香薬師如来立像

新薬師寺は、この事件で争われた准胝観音立像以外でも、本尊である木造薬師如来坐像、塑像十二神将立像をはじめとする多くの国宝、重要文化財にあたる仏像を所蔵している。これらの内でも特に有名な宝物は、香薬師如来立像とも呼ばれる銅造薬師如来立像である。

「香薬師如来立像」は、白鴎時代（7世紀後半）の最高傑作とされる金色の美仏で、明治時代に（旧）国宝に指定された。この仏像は明治以降に三度盗まれている。最初は１８９０年、二度目は１９１１年でいずれも道ばたに捨てられているのが発見された。しかし、１９４３年に三度目の盗難にあってからは未だに行方がわからない。新薬師寺の本堂には、薬師如来座像、十二神将像などとともに、この香薬師如来立像を複製した銅像が祀られているので、その美しい外形を知ることができる。これは、仏像愛好家で小説家・編集者の佐佐木茂索（１８９４年～１９６６年）が、１９５０年に資金を出して制作したものだ。幸いにも、寺は、三度目の盗難の前年（１９４２年）、彫刻家に香薬師如来立像の型取りを依頼していた。この時に型取りした石膏型が残っていたので、佐佐木氏は、これを用いて3体の複製銅像を造り、その一つを新薬師寺に寄贈したのである。

さて、盗難から70年が過ぎた２０１５年、この香薬師如来立像の右手だけ鎌倉の東慶寺にあることが発覚した。実はこの右手は、１９１１年の二度目の盗難の際に胴体から切り離された状態で見つかったものだ。このとき、新薬師寺は、右手を銅板で本体に繋ぎ合わせて修復した。ところが、１９４２年に、香薬師如来立像の型取りのために彫刻家が像を預かった際には、右手は再びはずれていた。そこで、彫刻家は、自ら新しく作り上げた右手をつけ直したうえで仏像の型取りをし、これを寺に返却した。したがって、その当時、オリジナルの右手は、新薬師寺が持っていたはずだが、何らかの事情により、１９５０年、複製像を寺に寄贈した佐佐木氏の手に渡ったようだ。そして、彼の死後、この右手は菩提寺である東慶寺に寄贈されていたのだった。ノンフィクション作家である貴田正子氏がこの事実を突き止めた後、事情を知った東慶寺は右手を新薬師寺に返却した。香薬師如来立像の右手は、現在は奈良国立博物館に寄託されている。この博物館は、１９４２年に佐佐木氏が制作した複製像も1体収蔵している。

寺院の宝物と博物館

●日本の寺院は、古くから伝わる仏像、仏具、書画などを大切に保存し、本堂への安置や虫干しを通じて、庶民に展示公開してきた。日本美術の源流は、寺院によって守られてきたともいえる。

●しかし、明治維新後、これらの寺院の宝物は、深刻な危機に瀕した。明治政府が神道国教化政策のもとに発した神仏分離令をきっかけに、庶民の間で仏教排斥運動が広がり、仏堂、仏像、仏具などを破壊する、廃仏毀釈（はいぶつきしゃく）の嵐が起きたのである。さらに、海外の博覧会への参加を契機としたジャポニズム（日本趣味）の流行が、美術品の海外流出を促すこととなり、貴重な文物の散逸に拍車をかけた。奈良の法隆寺は、1878年に300点を超える宝物を皇室に献上することによりこの危機に対処した。これらはその後国有化され、現在は東京国立博物館の法隆寺宝物館に収蔵・展示されている。

●貴重な文化財が失われていく状況を憂慮した明治政府は、遅まきながら、1897年に古社寺保存法を制定し、寺社に対し、国宝や文化財に指定した宝物類の処分を禁ずるとともに、維持・修理が困難な場合は補助することにした。その後、寺社以外の宝物も同じような保護の対象にするため、国宝保存法（1929年）、重要美術品等の保存に関する法律（1933年）も制定された。これらの法律により生まれた仕組みは、第二次世界大戦後に制定された、現在の文化財保護法に引き継がれている。

●政府はまた、文化財の管理ができない寺社から宝物を預って保護するため、1872年に設立した東京国立博物館に続けて、1895年に奈良に、1897年に京都にも国立博物館を開館した。その結果、奈良や京都にある多くの寺院は、国宝や文化財に指定された宝物を国立博物館に預けるようになった。【事件14】の新薬師寺が准胝観音立像を奈良国立博物館に寄託したのもその一例である。

●さらに、1960年代以降、全国の都道府県に公立博物館が設立されると、各地方の寺院は、それぞれが所蔵する文化財のうち維持管理しきれなくなったものを、地元の博物館に寄託し、本堂などの元の場所にはレプリカを納めておく例が増えてくる。

●しかし、寺院を参拝してもレプリカしか拝めないのではありがたみが薄いし、仏像等を本来の場所から移して博物館の展示品にしてしまうとその文化的価値が半減する。

●そこで、寺院の中には、文化庁の助成を得て敷地内に自前の宝物館を建て、博物館等に寄託した仏像等の返還を受けて保存・展示するところが徐々に増えてきた。こうした宝物館のなかには、本格的な美術館・博物館と同等の体制の施設もある。たとえば、宇治平等院の鳳翔館は、国宝や重要文化財等を守るために先端設備を備えた総合博物館で、博物館法上の登録博物館にもなっている。

●他方で、檀家の減少等による経営難のために貴重な宝物を博物館に寄託したり売却したりする寺社も後を絶たないので、博物館に収蔵される寺社の宝物は、今も増え続けている。

事件 15

ニューヨークを代表する歴史的建造物グランドセントラル駅は改築できない？

ペンセントラル社対ニューヨーク市事件［アメリカ］

■事件の経緯

ニューヨーク市の歴史的建造物に指定されたグランドセントラル駅

ニューヨーク市マンハッタン地区のミッドタウンにあるグランドセントラル駅は、単一の駅としては世界最大といわれる鉄道終着駅である。1913年に建造されたその駅舎は、19世紀末の欧米で流行した新古典主義様式（ボザール様式）を取り入れたファサードとインテリアを備えた美しい建築物で、映画やドラマのロケ地としてもよく使われ、ニューヨークを代表する観光名所となっている。

1967年、ニューヨーク市は、この駅舎を歴史的建造物に指定した。ニューヨーク市が定めた歴史的環境保全条例は、ニューヨーク市民の誇りや市の魅力の保護、商工業の活性化、経済強化、文化教育・鑑賞・福祉の増進などのために、ニューヨークの史跡や歴史的環境を保全することを目的とする法律である。この条例による指定を受けた建造物の所有者は、不動産の固定資産税が免除される反面、建物を良好な状態に保存・修繕する義務を負い、また建物の外観を改修する際には市の承認を受けなければならない。[†7] 当時駅舎を所有していたニューヨーク・セントラル鉄道は、この指定に対して異議申立てはせず、これを受け入れた。

鉄道会社の経営危機・合併と駅舎の有効利用計画

この頃、ニューヨーク・セントラル鉄道をはじめとするアメリカの鉄道会社は深刻な経営危機に陥っていた。第二次世界大戦後におけるアメリカ全土の高速道路網の整備により、長距離列車や貨物車の需要が大幅に減ったことが主たる原因である。1968年、ニューヨーク・セントラル鉄道は、ライバルであるペンシルベニア鉄道に吸収合併され、ペンセントラル社という社名で再出発を図ることにした。

ペンセントラル社は、先細りの鉄道事業の収入を補うため、経営の多角化と所有地の有効利用計画を推進した。そしてその一環として、この年、不動産開発会社との間で、グランドセントラル駅敷地の空中権をリースする契約を締結した。グランドセントラル駅はマンハッタン地区で最も賑やかな42丁目とパーク・アベニューが交差する位置にあり、周囲はパンナムビル（現メットライフビル）をはじめとする高層ビルが林立している。この地の利を生かし、駅舎を高層ビルに改築し、上層部を貸事務所およびホテルとしてリースすることにより賃料収入を稼ぐという案である。これが完成すれば、ペンセントラル社は、毎年３００万ドル以上の新たな収益を上げることができる。

ニューヨーク市は駅舎改築計画を承認せず

グランドセントラル駅はニューヨーク市歴史的建造物の指定を受けているので、駅舎を改築するには市の承認を得る必要がある。ペンセントラル社と不動産開発会社は、駅舎改築計画について２つの案を作成し、歴史的環境保全条例に従って、市の史跡保全委員会に対して承認の申請をした。１つは、現在の駅舎の一部を取り壊してそこに高層ビルを建てる案、２つ目の案は、建物は一切破壊せずに上空に55階建てのビルを建増しする計画だ。しかし、最初の案は、「建物の破壊を伴う改修は許されない」との理由で、第2案も、「華やかなボザール様式のファサードの上に55階建てのオフィス棟を載せるのは美学上の悪ふざけ以外の何物でもない」として、史跡保全委員会に拒絶されてしまった。

ペンセントラル社は、それ以外の代案を検討することはせず、ニューヨーク市に対し、「市が歴史的環境保全条例に基づく改築の申請を拒絶した措置は、合衆国憲法が定めるアメリカ国民の財産権保護に関する条項に違反している」と主張し、申請拒絶処分の取消しなどを求める訴訟をニューヨーク州の裁判所に提起した。

■裁判

歴史的建造物の建替えを禁ずる条例は合衆国憲法違反か？

アメリカ合衆国憲法修正第5条は、「何人も、正当な補償なしに私有財産を公共のために収用されることはない」と定めている。原告ペンセントラル社は、「ニューヨーク市歴史的環境保全条例による改築制限は、この条項に違反し、正当な補償なく財産を収用するものである」と主張した。しかし、ニューヨーク州の裁判所は、「市の条例は、私有財産を市に移転するものではなく、土地所有者による開発利用に制限を加えているに過ぎず、この程度の規制は修正第5条が定めている『収用』には当たらない」と判断して、この訴えを認めなかった。[†8] 原告ペンセントラル社は州裁判所の判決に納得できず、合衆国連邦最高裁判所に上告した。

連邦最高裁判所も歴史的建造物の有効利用を規制しても憲法違反にならないと判断[†9]

憲法修正第5条が禁じているのは、私有財産を正当な補償なしに公共のために収用することなので、連邦最高裁判所の審理でも、被告ニューヨーク市の条例による規制（駅舎改築の承認拒絶）により原告の財産が「収用」されたことになるのかどうかが重要な争点となった。「収用」とは、国、州などの公共機関が私有財産の有益な利用を実質的に奪うことである。

原告ペンセントラル社は、「ニューヨーク市の歴史的環境保全条例に基づく承認の拒絶により、原告所有の駅舎の上部が利用できないのだから、財産の一部が実質的に奪われている」と主張した。

これに対し、連邦最高裁判所は、「憲法修正第5条の『収用』に当たるかどうかは、政府による規制の性格・内容、規制の影響やその効果などを総合して判断すべきである」と述べたうえで、①ニューヨーク市の条例は、駅舎の上空部分の利用を制限しているだけで、それ以外の部分について、これまでと同じ状態はもとより、もっと利益を生み出す利用をすることも禁じていないこと、②被告ニューヨーク市は駅舎を破壊する計画やその上に50階を超える高層ビルを増築する計画は不適当と判断して承認しなかっただけであり、すべての改築計画が条例により禁じられているわけではないこと、③市の条例によれば、歴史的建造物に指定された建物の所有者に「容積率移転権」が与えられていることなどを指摘した。③の「容積率移転権」とは、都市計画に関する法律が定めた容積率（土地に建築することができる建物の敷地面積に対する総床面積の割合）の未使用の部分を他の土地に移転する権利のことで、容積率移転を受けた土地は、都市計画法上の制限を超える高層ビルを建てることができるようになる。ペンセントラル社は、この容積率移転権により、未使用の容積率を近隣の土地所有者に売却し、代金収入を得ることが認められているのである。裁判所は、①、②、③の点を考慮し、「原告ペンセントラル社は駅舎上空部分の価値を奪われたとまではいえないので、被告ニューヨーク市の条例に基づく措置は、原告ペンセントラルの財産の『収用』にはあたらない」と判断した。

原告はまた、「歴史的環境保全条例は、歴史的建造物の指定を受けた建物の所有者に対してだけ建物利用を規制し、憲法違反の差別的な取扱いをしている」と主張したが、裁判所は、「公共の福祉を促進するような立法は共通して特定の財産の所有者に他の者よりも厳しい影響を与えるものである」と述べて、この言い分を一蹴した。

結論

以上の理由により、1978年6月、連邦最高裁判所が原告ペンセントラル社の上告を棄却したため、グランドセントラル駅の再開発計画はとん挫した。

■事件の評価とその後

アメリカにおける歴史的建造物の保全を合憲と判断したリーディングケース

この事件の判決は、歴史的建造物の保全が問題となった最初の合衆国連邦最高裁判所の裁判例である。最高裁判所は、「州や市が、歴史的・文化的・建築学的に価値のある建築物を保全するために土地建物の利用規制に関する立法をすること」は憲法上認められていることを前提に、そのような法律によって不利益を受ける者があったとしても、規制の性質や方法によっては「正当な補償」を要する「収用」とならない可能性があることを示した。環境保全という公共の利益のために私有財産の価値が失われたとしても常に補償を受けられるわけではないということである。

この判決をリーディングケースとして、その後の多くの裁判で歴史的環境保全の正当性が認められ、また、多くの自治体がニューヨーク市条例を手本にした歴史的建造物の保全に関する規則を定めている。

グランドセントラル駅のその後

1968年に2つの鉄道会社の合併により誕生し、この事件の原告となったペンセントラル社は、この判決の2年後の1970年に経営が破綻し、ニューヨーク市の裁判所に破産の申請をしている。ペンセントラル社の鉄道事業は1974年に国有化され、その資産の多くは、国営の鉄道公社コンレールに移管された。この事件の対象となったグランドセントラル駅の駅舎はその後もペンセントラル社の親会社であるペンシルベニア鉄道が所有していたが、ニューヨーク州交通公社（Metropolitan Transportation Authority）が1998年に長期利用権を取得し、2020年にこれを完全に買収した。交通公社が建物の美観を損なわない程度のリニューアルや拡張工事を行ったことにより、現在は構内の店舗、レストラン等が拡充して観光スポットとしての魅力を増している。

■ニューヨークの観光名所になった2つの鉄道駅

1871年に開業したグランドセントラル駅がニューヨークを代表する観光名所になったのは、1913年に駅舎が建て替えられた後である。この駅を運営するニューヨーク・セントラル鉄道が、駅舎をこれほど華麗で壮大なものに造り変えたのは、当時のライバルだったペンシルベニア鉄道が1901年から進めていたペンシルベニア駅の駅舎建設に触発されたからだ。全米を結ぶ長距離列車（アムトラック）の終着駅であるペンシルベニア駅は、元々はハドソン川の西側にあり、乗客はフェリーでマンハッタン島に運ばれていたが、電気機関車の登場によりハドソン川を横断する地下トンネルを通すことが可能になったので、駅舎を移設してマンハッタンに乗り入れることにしたのである。

ライバルのマンハッタン進出に危機感を抱いたニューヨーク・セントラル鉄道は、グランドセントラル駅をペンシルベニア駅よりも大規模で利便性の高い駅にすることを目指し、それが実現できる計画を提案した設計事務所（Reed & Stem）に新駅舎の設計を依頼した。敷地の上空と地下を利用してコンコース（中央ホール）とプラットフォームを効率よく配置するアイデアである。さらに、ペンシルベニア駅がボザール様式の駅舎になることを知ると、これに対抗するため、同じボザール様式を取り入れた設計を提案した別の事務所（Warren & Wetmore）にファサードと内装を依頼した。こうして、2つの設計事務所の共同作業により利便性と華麗さを兼ね備えた世界一大きな駅舎が完成したのである。

他方のペンシルベニア駅は、グランドセントラル駅よりも一足早い1910年に完成した。こちらもギリシャ神殿のような列柱が並ぶ荘厳な建物が評判を呼び、ペンステーションの愛称で呼ばれるニューヨークの名所になった。しかし、第二次世界大戦後、赤字経営に苦しんだペンシルベニア鉄道は、マンハッタンの一等地にあるペンステーションの敷地を有効活用するため、駅を地下に移すことにし、地上の利用権を不動産開発会社に貸し出した。その結果、1963年、ボザール様式の傑作とされた駅舎は解体され、代わりに、スポーツアリーナを含む大型複合イベント施設、マディソン・スクエア・ガーデンが建設された。壮麗なペンステーションは、地上から姿を消したのである。

この出来事に衝撃を受けたニューヨーク市議会は、1965年に歴史的建造物の保全に関する条例を制定し、市の指定を受けた建造物は承諾なしには改修できないことにした。1978年にグランドセントラル駅の改築計画がこの条例により止められた経緯は、この事件で説明したとおりである。

2021年1月、ペンステーションの旧駅舎の向かいに、モイニハン・トレインホールという、駅のエントランスとコンコースを含む複合施設が誕生した。歴史的建造物であるボザール様式の旧郵便局を転用したレトロな外観の建物だが、内部は全面ガラス張りのドーム天井など、最新のデザインに改築されている。こうして、ペンステーションは観光名所に復活した。

しかし、ニューヨーク市はこれだけでは満足せず、ペンステーションの完全復元を目指しているようだ。市議会は、マディソン・スクエア・ガーデンの運営者に対し、旧駅舎敷地のリース契約の延長期間が終了する、2028年までにこの土地から立ち退くように求めている。60数年にわたり数々の歴史的なライブやイベントが開催されたマディソン・スクエア・ガーデンは、ペンステーション復活の代償として姿を消すことになりそうだ。

14 甲賀の古刹から消えた重要文化財の行方

●滋賀県甲賀市の古刹、大岡寺は、その本堂に、国が指定した重要文化財である仏像2体を収蔵していた。鎌倉時代に作られた「木造千手観音立像」と平安時代作の「木造阿弥陀如来立像」である。ところが、これらの仏像は2001年1月に行方不明になった。本堂改修工事のために東京の団体に預けていた間に何者かに盗まれたのである。文化財保護法上、重要文化財の所有者は、文化財の所有権を譲渡したり、その保管場所を変更したりするときは文化庁長官に変更の届出をすべきことになっているので、2001年5月、大岡寺は、この2体が保管先から持ち出されて行方不明になっていることを文化庁に届け出た。

●2015年、大岡寺から紛失した仏像2体は東京品川区の安楽寺にあることが判明した。安楽寺はその檀家からこれら重要文化財の寄進を受け、文化庁に仏像の所有者変更を届け出たことから、文化庁から大岡寺に確認の連絡が入ったのだ。大岡寺は、安楽寺に対し仏像の引渡しを求めたが、安楽寺はこれに応じなかったため、両者の間で仏像2体の所有権をめぐる裁判になった。

●この裁判の争点の一つは、安楽寺が仏像を即時取得したかどうかである。民法が定める「即時取得」の制度によれば、物品を買ったり贈与を受けたりして引渡しを受けた者は、その後に盗品であることがわかったとしても所有権を取得することができる。ただし、盗品かどうか疑わしい状況があったにもかかわらず調査確認をしなかったような落ち度がある場合は、即時取得が認められない。安楽寺は、「盗難届も出ていない仏像を檀家から寄進を受けたのだから、即時取得制度により所有権を取得した」と主張した。

●しかし、この事件を審理した大津地方裁判所は、2018年1月、安楽寺側の言い分をしりぞけ、大岡寺の引渡請求を認める判決を下した*。安楽寺のような宗教法人は、重要文化財がそう簡単には譲渡されないことを知っていたはずであり、また、これらの所有者として大岡寺の名が文化庁に届け出られているのに、事前に大岡寺に直接問い合わせて確認しなかった点に落ち度があると判断したからだ。

●このように、文化財を譲り受ける場合は、一般的な物品取引の場合よりも即時取得が認められにくいので、慎重に盗品かどうかの調査確認をしておく必要がある。現在、文化庁は、所在不明になっている重要文化財を調査した結果をリストにしてホームページに公開しているので、文化財を買う際は、少なくともこのリストをチェックした方がよい。

●なお、大津地方裁判所の判決が出た後、安楽寺と大岡寺は、話合いのうえで和解をし、2019年、結局、安楽寺がこれら仏像を大岡寺から買い取ることになったようだ。さらにその2年後の2021年、仏像2体は、安楽寺から、東京都千代田区にある山口文化財団株式会社に売却された。どのような事情でそうなったのかは不明だが、重要文化財である「木造千手観音立像」と「木造阿弥陀如来立像」は、現在は山口文化財団株式会社が所有し、熱海市にある熱海山口美術館で常設展示されている。

事件 16

一夜のうちに消え去ったニューヨークのストリートアートの聖地

コーエン対G&Mリアルティ事件［アメリカ］

■事件の経緯

廃墟化していた工場跡がアートスポットに

ニューヨーク市クイーンズ区の西の端（マンハッタン島の東隣り）に位置するロングアイランドシティは、かつては工場が林立する、ニューヨークの産業エリアだったが、20世紀中ごろまでにそのほとんどが閉鎖された。不動産開発事業者ジェリー・ウォルコフは、この地で廃墟化しつつあった12棟の元工場を1970年代に買い取り、開発の機会を待っていた。

1990年代に入り、ウォルコフ氏は、200人のアーティストたちに元工場の建物をアトリエとして格安の賃料で貸し出すとともに、建物の外壁をキャンバス代わりにして自由にグラフィティを描いてよいと許可した。

「グラフィティ」は、建物の壁や鉄道などの公共の場にペンキやスプレーを用いて描く文字やイラストのことで、1970年代のニューヨークの街中でよくみられるようになった。その多くは、文字や自分の名前などの落書きだが、キース・ヘリングやバスキアの壁画のように、芸術的価値が評価されて「グラフィティアート」または「ストリートアート」と呼ばれる作品もある。いずれにせよ、建物所有者や管理者の許可なくグラフィティを描くのは犯罪となるが、ウォルコフ氏の元工場の壁は、彼の許可のもとで合法的に描くことができるので、全国から集まったアーティストによるグラフィティで埋め尽くされた。

2002年、ウォルコフ氏は、「Meres One」の名で活動するストリートアーティスト、ジョナサン・コーエンに、周辺地域の美観を保つため、壁画のキュレーションをしてほしいと頼んだ。「キュレーション」とは、美術館などにおいて、個々の作品や展覧会のメッセージが観覧者にわかりやすく伝わるようにするために展示の仕方や見せ方を立案、管理することを意味する美術用語である。コーエン氏はこれを引き受け、この地をニューヨーク市の5つの地区を代表するアートの中心地にするという意味を込めて「ファイブポインツ（5 pointz）」と名付け、ここに集まるアーティストたちそれぞれの作風や腕前に応じて外壁のスペースを割り振ることにより、統一感のある屋外美術館のような空間に変貌させた。ファイブポインツ《口絵02》は、全世界の有名無名のストリートアーティストが競って壁画を描くアートスペースとして雑誌やテレビ番組でも紹介され、観光バスが乗り入れるニューヨークの名所の一つになった。

所有者は壁画アートのある建物の解体・高層マンション化を計画

２０１１年、マンハッタンに近接するロングアイランドシティがベッドタウンとして注目されるようになったことから、不動産開発業者であるウォルコフ氏は、ファイブポインツの建物すべてを取り壊して高層マンションを建築する計画を発表した。コーエン氏やこの地で活動するアーティストたちは、ウォルコフ氏の計画を知り、これを阻止するためにニューヨーク市の歴史的環境保全条例を利用しようと考え、ニューヨーク市に対して、ファイブポインツを市の歴史的建造物に指定するようにと申し立てた。この指定を受けた建物は、所有者が自由に取壊すことができなくなる。しかし、２０１３年８月、ニューヨーク市は、「ファイブポインツがアートスポットとして確立したのは比較的最近なので、『歴史的建造物』とはいえない」と判断してこの申立てを認めなかった。コーエン氏らはファイブポインツの土地建物を買い取りたかったが、ウォルコフ氏の高層マンション化計画により地価が高騰し、それは不可能だった。

ニューヨーク州裁判所に取壊しの禁止を求める訴訟を提起

そこで、コーエン氏らは次の一手として、アメリカの著作権法を根拠として、建物の取壊しを禁じようとした。アメリカの著作権法１０６A条は、美術品などの著作物を創作した著作者の名誉や評判を護るために、「著作者は、その創作した『名声の認められた著作物』を破壊する行為を禁ずることができる」と定めている。コーエン氏らは、この規定に基づいて、２０１３年11月、ニューヨーク州地方裁判所に訴訟を提起し、「ファイブポインツの建物が取り壊されると、原告らの著作物が同時に破壊される」と主張し、再開発計画の実施を禁ずるように求めた。しかし、第一審の裁判所は、「原告コーエン氏らが被るおそれがある損害は金銭的な損失に過ぎず、現時点で裁判所が被告の計画を禁じなければ回復不能というほど緊急の必要性はない」との理由で、この請求を認めなかった。[†10]

原告コーエン氏らは、第一審判決の内容を検討したうえで上訴して争うつもりでいたが、被告ウォルコフ氏はそれよりも前に、予期に反する暴挙に出たのである。

すべての壁画が一夜のうちに塗りつぶされる

第一審のニューヨーク地方裁判所が原告コーエン氏らによる請求をしりぞける判決を下すや否や、ウォルコフ氏はファイブポインツへの立入りを禁止し、一週間後の夜中、建物の壁画を白のペンキで塗りたくり、すべてを消し去ってしまった。こうして、ニューヨークの一大観光名所になっていたアートスポットは、一夜にして元の廃墟に戻った。

原告コーエン氏ら21名のアーティストは、被告ウォルコフ氏と彼の不動産開発会社に対して、それぞれの著作物である合計49点のストリートアート作品が破壊されたことによる損害の賠償を請求するため、ニューヨーク州の地方裁判所に再び訴訟を提起した。

■裁判[十二]

ストリートアート作品も「名声が認められた著作物」として保護される

著作権法は、著作者が破壊を禁ずることができる作品を「名声が認められた著作物」に限定しているので、原告コーエン氏らによるストリートアートがこれに当たるのかどうかが重要な争点となる。これに関し、被告ウォルコフ氏は、「ファイブポインツが観光名所として有名だとしても、落書きに過ぎない個々のグラフィティの名声が認められているわけではない」と主張して争った。

しかし、裁判所は、49点中45点について、①原告らの作品は著名なストリートアーティストであるコーエン氏のキュレーションを経たうえで展示されていること、②原告らは、ファイブポインツ以外の場所でもストリートアーティストとして知られていること、③原告側の証人となった美術専門家が、彼らの作品の芸術的価値を評価し、ファイブポインツの美術界における重要性について論評していることなどを考慮し、これらは「名声が認められた著作物」に当たると判断した。残る4点は、コーエン氏のキュレーションを受けた壁に描かれていなかったり、塗りつぶされる直前に描かれていたりしたため、著作権法の対象となる「名声が認められた著作物」から除外された。

被告ウォルコフ氏はまた、「原告らは、被告が所有する建物がいずれは再開発により取り壊されること、すなわち、壁画は一時的にしか存続できないことを承知したうえでグラフィティを描いたので、賠償請求できない」と主張したが、裁判所は、「著作権法は、一時的か永続的かにかかわらず著作物を保護している」と述べて取り合わなかった。

賠償すべき損害額は法律が認めている最高額と認定

損害額に関し、原告らは、「被告ウォルコフ氏により塗りつぶされた壁画はバンクシーの作品と同じくらいの市場価値がある」と主張したが、そのことを証明することはできなかった。しかし、アメリカの著作権法は、原告が損害の実額を証明できない場合であっても、「750ドル以上3万ドル未満の範囲で裁判所が正当と考える損害の賠償を請求できる」と定め、かつ「故意による侵害」である場合は、裁判所は裁量により15万ドルまで損害額を増額できることにしている（著作権法504条(c)項）。「故意による侵害」とは、被告が著作権法に違反することを知りながらあえて侵害行為を行った場合のことである。裁判所は、この規定が定める最高額である一点あたり15万ドルを、「裁判所が正当と考える損害額」と決定した。

この決定をするにあたり裁判所が特に重視したのは、被告ウォルコフ氏が、原告らに何らの事前通知もせずにいきなり壁面を塗りつぶしてしまった点である。アメリカの著作権法は、「名声の認められた著作物」の破壊を禁ずる規定（106A条）の例外として、著作物が他人の建物に組み込まれてその一部となっている場合には「建物の所有者が建物から著作物を取り外したいときは、書面により著作権者にそのこと通知し、著作権者がその後90日以内に著作物を除去しなかった場合に限り、所有者は著作物を除去することができる」と規定している（113条(d)項）。裁判所は、「被告ウォルコフ氏は、著作権法の規定に基づいて事前の通知をすれば合法的に原告らの壁画を取り除くことができたのに、あえてこれをしなかった」点に着目し、極めて悪質な「故意による侵害」と判断した。さらに、被告が高層マンション化計画により高収益を上げようとしたこと、原告らは作品を展示する場を失って甚大な損害を被ったこと、被告は全く反省していないことなども考慮し、原告に支払われる損害額を、作品一点ごとに15万ドルと決定したのである。

結論

被告はこの判決に対して上訴して争ったが、裁判所の判断は変わらず、2020年8月、ニューヨーク州の上訴裁判所は、被告ウォルコフ氏に対して原告コーエン氏らに合計675万ドル（当時の相場で約7億2000万円）の賠償金の支払を命ずる判決が下された。

■事件の評価とその後

建物の所有者が落書きを消す行為が著作権法違反になることもある

この事件の判決は、ストリートアートが他の美術作品と同じように著作権法の保護を受けることを示した最初のアメリカの裁判例といわれている。

グラフィティは、無許可の落書きはもちろん建物所有者の許可を受けた場合であっても、特別な合意をした場合を除き、建物所有者が、これを消し去ることも剝がして処分することも自由にできると考えられていた。しかし、この事件の判決は、「名声が認められた著作物」にあたるグラフィティについては、著作者にあらかじめ通知せずに消し去る行為は著作権法違反になることを明らかにした。もちろん、法律の保護を受けるのは有名な作品に限られるので、作者不明のただの落書きの場合は躊躇せずに消し去ってかまわない。

また、裁判所が決定した一点あたり15万ドルという巨額の賠償金は、被告ウォルコフ氏の行為が特に悪質と判断したうえで、同じような行為の再発を抑止するために制裁的な意味合いで課したものであり、いつも認められるわけではない。

ファイブポインツのその後

グラフィティを塗りつぶしたウォルコフ氏は、市民の抗議運動やコーエン氏らとの裁判が続く中、2015年に建物をすべて解体した。ファイブポインツで活動していたアーティストたちの多くはジャージーシティやマンハッタンのブロンクスに移っていった。

現在、この地には50階建ての2棟の高層ビルが建ち、マンハッタンを臨む眺望が楽しめる中上流家庭向けの賃貸マンションを提供している。ウォルコフ氏はこのビルを開発前と同じファイブポインツと名付けると共に、この名称の商標登録を試みたが、この登録申請は米国特許商標庁に拒絶されたようだ。

■ストリートアートを展示する美術館

１９７０年代初頭のニューヨークの街中に、終わらないベトナム戦争、加速する環境破壊、変わらない格差社会に対する不満と抗議を、暴力にはよらず、音楽やダンスや落書きで示そうとする若者たちが現れた。こうした彼らの活動から生まれたサブカルチャーが、ＤＪ、ラップ、ブレイキン、そしてグラフィティを要素とするヒップホップである。グラフィティは元来、既存の体制を批判する路地裏の落書きなので、体制側のための芸術の殿堂である美術館とは相反する存在だった。しかし、キース・ヘリングやバンクシーの登場によりグラフィティが「ストリートアート」と呼ばれるようになると、美術館としてはこれを無視することができない。１９９０年代には、この事件のファイブポインツのように、ストリートアートを展示する「屋外美術館」が生まれ、２０００年代の後半以降は、既存の美術館でもストリートアートが展示されるようになった。

まず、２００８年、ロンドンのテート・モダンが大規模なストリートアート展を開催して話題を呼び、さらに２００９年にパリのカルティエ財団現代美術館、２０１１年にはロサンゼルス現代美術館がそれぞれ特別展を開催した。

こうしてストリートアートが美術界の市民権を得ると、これを専門とする美術館も作られていく。２０１４年、サンクトペテルブルク市郊外にあるプラスチック精製工場のオーナーが、敷地内の余分な建物を利用して、最初のストリートアート美術館を開館する。２０１６年には、ドイツのミュンヘンに、ミュージアム・オブ・アーバン・アンド・コンテンポラリー・アート（ＭＵＣＡ）という、バンクシー、ストーヘッドなどの著名アーティスト作品を揃えた本格的なストリートアート専門の美術館が設けられた。この美術館の作品は、２０２３年から２０２４年にかけて来日し、大分市美術館、京セラ美術館、森アーツセンターギャラリーでＭＵＣＡ展が開催された。

さらに、２０１７年にベルリンのアーバン・ネーション・ミュージアム、２０１９年にパリのセーヌ川に浮かぶアート施設フリュクチュアールとマイアミのミュージアム・オブ・グラフィティ、２０２０年にアムステルダムのストリートアート・ミュージアム（ＳＴＲＡＡＴ）など、ストリートアートに特化した美術館が次々に誕生している。

これらは、既存の美術館には関心を持っていない人々を呼び込むために作られたものだが、同時に、伝統的な美術の愛好家たちに新しい時代のアートを伝える役割も果たしている。このようにして、美術館に収蔵・展示されるそれまでのアートを否定することを出発点として生まれたグラフィティというサブカルチャーは、美術館の展示品になることにより、現代アートとしての地位が確立し、美術史の体系の中に取り込まれていく。ただし、そうなったときには、これに反発するアーティストの中から、美術館には収まらない新しい発想のアートを生み出そうとする人々が再び出てくるはずだ。20世紀以降、現代アートと美術館は、こうした過程を経ながら互いに進化を続けている。

15 どうにか生き延びてきた(?)国の特別史跡「平城宮跡」

●近鉄線で大和西大寺駅から近鉄奈良駅に向かうときに突っ切る広大な空き地は、1300年前の政治の中枢だった平城宮の跡地である。ユネスコ世界遺産に登録され国営公園にもなっているこの史跡は、これまでに何度か存亡の危機を乗り越えてきた。

●この一帯は、20世紀初頭までは田畑が広がる私有地だったが、1922年、平城宮の最重要施設である大極殿の基壇が見つかったことから国の史跡に指定され、1952年には、戦後に制定された文化財保護法に基づく特別史跡に格上げされる。ただし、このときに指定を受けていたのは、平城宮跡全体の5分の1程度に過ぎない。

●1961年、近鉄が史跡指定地域の南西部の土地を買収し、電車の検車庫を建設する計画を発表した。建設予定地自体は史跡指定を受けていなかったが、平城宮跡地内にあることは明らかだったので、全国の市民から反対の声が起こり、政治家も巻き込んで「平城宮跡を守る会」が結成された。結局、近鉄が建設計画を取り下げ、政府は、平城宮跡全体を国が買い上げて保護する方針を打ち出す。こうして、約1キロ四方の平城宮跡全体が特別史跡に指定され、宮跡内を横切る近鉄の線路敷地以外の土地が次々に国有化された。

●1964年、建設省(現国土交通省)は、大阪万博に備えて交通網を整備するため、平城宮跡の東隣りを南北に走る、国道24号線バイパスの建設を計画した。ところが、そのための事前調査の際、バイパス予定地の東側に平城宮が張り出していたことが判明した。建設省はそれでも計画を進めようとしたが、再び激しい反対運動が起こり、バイパスは東に大きく迂回するルートに変更された。この東側に張り出した区画(東院跡)は、1970年5月に特別史跡に追加指定されている。

●この追加指定地域の東端の辺りは、人家が密集する住宅街のため、今日に至ってもなかなか国有化が進まない。しかし、文化財保護法により、史跡の指定を受けた土地の所有者は、政府(文化庁)の許可なしに建物の新築・改築などの現状変更をすることができない。よって、土地を買収したい政府は、これを拒む住民の居宅の新築・改築は許可せず、家屋が朽廃するか住民が代替わりして立ち退くのを待つだけである。

●1970年9月、この住宅街にある空き地の所有者が無許可で住宅を新築し、その撤去を求める政府に対し、「文化財保護法による私有地の変更の制限は、憲法が保障する国民の財産権の侵害である」と主張して訴訟を起こした。しかし裁判所は、「文化財の保護という公共の利益のための法律により財産権を制限することは許される」としてこの主張をしりぞけている*。

●2000年、国土交通省が、今度は平城宮跡の地下にトンネルを掘って高速道路を通す計画を立てたが、「平城宮跡を守る会」が3度目の反対運動を起こし、計画を撤回させた。

●2020年代以降は、宮跡内を貫く近鉄の線路を移設するかどうかの議論が盛んだ。平城宮跡は、こうして開発計画をしりぞけながら、保存、発掘調査と一部復元を続けている。

出版会（2023）【事件 07】参照。

Ⅳ　文化財の購入、変更、処分の規制

†1　Beyeler v Italy (App no. 33202/96) [2000] ECHR 33202/96.

†2　Sporrong and Lonnroth v Sweden, Series A no. 52, p.26, para. 69, Pressos Companiea Naviera SA v Belgium, 20 November 1995, Series A no. 332, para.

†3　Beyeler v Italy (App no 33202/96) [2002] ECHR 33202/96.

†4　横浜地判昭和 47 年 7 月 14 日最高裁判所民事判例集 29 巻 3 号 224 頁、東京高判昭和 48 年 2 月 27 日最高最判所民事判例集 29 巻 3 号 230 頁。

†5　最判昭和 50 年 3 月 6 日最高最判所民事判例集 29 巻 3 号 220 頁。

†6　日本博物館協会・博物館の原則 10 項、全国美術館会議・美術館の原則 11 項。

†7　New York City's Landmarks Preservation Law.

†8　Penn Central Transportation Company v City of New York, 50 AD 2d 265 (1975), 377 N.Y.S. 2d 20 (1975), Penn Central Transportation Company v City of New York 42 N.Y. 2d 324 (1977); 366 N.E. 2d 1271; 397 N.Y. 2d 914 (1977).

†9　Penn Central Transportation Company v New York City, 438 U.S. 104 (1978); 98 S. Ct. 2646 (1978).

†10　Cohen v G&M Realty L.P., 988 F. Supp. 2d 212 (2013); 2013 U.S. Dost. LEXIS 165242 (E.D.N.Y. Nov. 20, 2013).

†11　Cohen v G&M Realty L.P., 320 F. Supp. 3d 421; 2018 U.S. Dist. LEXIS 22662, Castillo v G&M Realty L.P., 950 F. 3d 155; 2020 U.S. App. LEXIS 5228.

【コラム 1】*　Eden v Whistler, Cour de Cassation, 14 March 1900, D. 1900.1.497.

【コラム 2】*　横浜地判平成 25 年 3 月 27 日 LLI/DB。

【コラム 3】*　Reif et al. v The Art Institute of Chicago et. al., No. 1:23-cv-2443 (JGK) (S.D.N.Y. Nov. 24, 2023).

【コラム 8】*　Mcgriff v City of Miami Beach, 2022 US Dist. LEXIS 57134 (S.D. Fla., Mar. 29, 2022), McGriff v City of Miami Beach, 84 F. 4th 1330, 2023 US App. LEXIS 28656.

【コラム 9】*　東京高判昭和 50 年 6 月 26 日東京高等裁判所判決時報刑事 26 巻 6 号 106 頁。

【コラム 12】*　日本の博物館総合調査（日本博物館協会、2020 年）

【コラム 14】*　大津地判平成 30 年 1 月 25 日 LLI/DB。

【コラム 15】*　奈良地判昭和 48 年 6 月 8 日判タ 299 号 379 頁、大阪高判昭和 49 年 9 月 11 日高等裁判所民事判例集 27 巻 4 号 339 頁、最判昭和 50 年 4 月 11 日最高裁判所裁判集民事 114 号 519 頁。

EWHC 1089 (Ch).

†7 Spoliation Advisory Panel, Constitution and Terms of Reference. ドイツ、フランス、オーストリア、オランダも同じような審査協議会制度を設けている。

†8 Alexander Herman 'Museums, Restitution and the New Charities Act' Art Antiquity and Law Vol. XXVII, Issue 3, October 2022.

†9 Holocaust (Return of Cultural Properties) Act 2009.

†10 Aboriginal Heritage Act 1975、Museums (Aboriginal Remains) Act 1984.

†11 Human Tissue Act 2004.

†12 In re An Application by the Tasmanian Aboriginal Centre Inc, Supreme Court of Tasmania, [2007] TASSC 5 (9 February 2007).

†13 京都地判令和 4 年 4 月 21 日判例時報 2567 号 59 頁、大阪高判令和 5 年 9 月 22 日裁判所ウェブサイト・LLI/DB。

†14 アイヌの人々の誇りが尊重される社会を実現するための施策の推進に関する法律（平成 31 年法律第 16 号）。

III 美術館・博物館の現代的課題

†1 Rockwell v. Trustees of the Berkshire Museum, 2017 Mass. Super. LEXIS 208 (Mass. Super. Ct., Nov. 7, 2017); Hatt v. McGraw, 94 Mass. App. Ct. 1103, 2018 Mass. App.Unpub. LEXIS 720 (Mass. App. Ct., Oct. 1, 2018).

†2 Degiacomo v City of Quincy, 476 Mass. 38, 45, 63 N.E.3d 365 (2016); Maffei v Roman Catholic Archbishop of Boston, 449 Mass. 235, 244 n.20, 867 N.E.2d 300 (2007); Dillaway v Burton, 256 Mass. 568, 573, 153 N.E. 13 (1926).

†3 Statement on Sanction of Berkshire Museum and LaSalle University Art Museum', 28 May 2018 <https://aamd.org/for-the-media/press-release/aamd-statement-on-sanction-of-berkshire-museum-and-la-salle-university>.

†4 The Association of Art Museum Directors,Policy on Deaccessioning, June 2010.

†5 ICOM Code of Ethics for Museum 2004.

†6 Guidelines on Deaccessioning of the International Council of Museums.

†7 最判平成 7 年 3 月 7 日最高裁判所民事判例集 49 巻 3 号 687 頁。

†8 同上。

†9 Judgment of 09 March 2017 - Tribunal de Grande Instance de PARIS - RG n° 15/01086, Cour d'appel de Paris, 17 décembre 2019, n°17/09695

†10 Jugement du 08 Novembre 2018 -Tribunal de Grande Instance de PARIS (3ème chambre-1ère section) - RG n°15/02536, Cour d'appel, Paris, Pôle 5, chambre 1, 23 Février 2021 – n ° 19/09059.

†11 島田真琴『アート・ローの事件簿　美術品取引と権利のドラマ篇』慶應義塾大学出版会（2023）【事件 07】、【事件 08】、【事件 09】参照。

†12 最判昭和 55 年 3 月 28 日民集 34 巻 3 号 244 頁（モンタージュ写真事件）。

†13 島田真琴『アート・ローの事件簿　美術品取引と権利のドラマ篇』慶應義塾大学

注

はしがきにかえて

* 文部科学省『令和 3 年度社会教育統計（社会教育調査報告書）』。

I 美術館・博物館の舞台裏

†1 名古屋地判平成 19 年 10 月 26 日判例地方自治 314 号 66 頁、名古屋高判平成 20 年 7 月 17 日判例時報 2025 号 37 頁。

†2 ICOM Guidelines for Loan (1974).

†3 Regional Court of Cologne Oct. 10, 1995, 6 IPRax 419 (F.R.G.), Upper Regional Court of Cologne July 9, 1996, 22 U 215/95, sub I 2 b aa, VIZ 1998, 213

†4 Convention on the Settlement of Matters Arising out of the War and the Occupation, May 26, 1952 6 U.S.T. 4411, 332 U.N.T.S. 219. Chapter 6, article 3.

†5 Treaty on the Final Settlement with Respect to Germany of 12 September 1990, *Federal Law Gazette* on 13 October 1990.

†6 Federal Constitutional Court January 28, 1998, 6 IPRax 482 (1998).

†7 Prince Hans-Adam II of Liechtenstein, 2001-VIII Eur. Ct. H. R.

†8 東京地判平成 9 年 9 月 5 日判例時報 1621 号 130 頁。

†9 東京地判平成 12 年 8 月 29 日裁判所ウェブサイト。

†10 東京高判平成 15 年 5 月 28 日判例時報 1831 号 135 頁・裁判所ウェブサイト。

†11 Tribunal de Grande Instance PARIS 02 July 2014 14/06216

†12 Court of Appeal Paris pole 3, chamber 1 23 September 2015 no.14/17631.

†13 Court of Cassation, 1st chamber civil 7 March 2018 – n. 15-26-227

II 美術館・博物館が直面する倫理的要請とのジレンマ

†1 Schoeps v Andrew Lloyd Webber Art Foundation, 17 Misc 3d 1128(A), 851 NYS 2d 74, 2007 N.Y. Misc. LEXIS 7681 (2007), Shoeps v Andrew Lloyd Webber Art Found., 66 A.D. 3d 137, 884 N.Y.S. 2d 396, 2009 N.Y. App. Div. LEXIS 5998 (N.Y. App. Div. 1st Dep't Aug. 11, 2009).

†2 Museum of Modern Art v Schoeps 549 F. Supp. 2d 543, 2008 U.S. Dist. LEXIS 30717 (S.D.N.Y., 2008), Schoeps v Museum of Modern Art, 594 F. Supp. 2d 461, 2009 U.S. Dist. LEXIS 7681 (2007).

†3 Shoeps v Bayern 27 F. Supp. 3d 540, 2014 U.S. Dist. LEXIS 87936 (S.D.N.Y., 2014), Shoeps v Bayern, 2015 App. LEXIS 8472 (2d Cir. N.Y. May 22, 2015).

†4 28 U.S. CodePart IV, Chapter 97, § 1603, § 1604.

†5 Shoeps v Sompo Holdings, Inc. 22 CV 7013, 2024 U.S. Dist. LEXIS 97945 (N.D. Ill. Jun. 3, 2024).

†6 Attorney General v Trustees of the British Museum [2005] All ER (D) 463 (May); [2005]

事件 14
- 菅原通済『通済美術ばなし』淡交新社（1961）96-106 頁。
- 貴田正子『香薬師像の右手　失われたみほとけの行方』講談社（2016）。

事件 15
- 赤瀬達三『駅をデザインする』ちくま新書（2015）162-171 頁。
-『世界で一番美しい駅舎』エクスナレッジ（2014）46-51 頁。

事件 16
- Simon Armstrong, *Street Art*, Thames & Hudson (2019) 11-23, 160-161.
- Sam Roberts, 100 Years of Grandeur, *New York Times*, Jan. 18, 2013 <https://www.nytimes.com/2013/01/20/nyregion/the-birth-of-grand-central-terminal-100-years-later.html>
- Giulia Blocal, From the Street to the Museum: the journey of Urban Art *Urbaneez*, Aug. 2022. <https://urbaneez.art/magazine/from-the-street-to-the-museum-the-journey-of-urban-art>
- 大山エンリコイサム『ストリートの美術』講談社（2020）246-249 頁。

事件 06

- 高橋雄造『博物館の歴史』2008 年、法政大学出版（2008）190-197 頁。
- 藤野幸雄『大英博物館』岩波新書（1975）。

事件 07

- Cassandra Pybus, *Truganini: Journey through the apocalypse,* Allen & Unwin (2020).

事件 08

- 小笠原信之『アイヌ近現代史読本増［補改訂版］』緑風出版（2019）。
- 山崎幸治『もっと知りたいアイヌの美術』東京美術（2022）4-17 頁。

事件 09

- カラル・アン・マーリング、恩田京子（訳）『ノーマン・ロックウェル：1894-1978：アメリカで最も愛される画家』タッシェン・ジャパン（2007）。
- クリストファー・フィンチ著、富原まさ江（訳）『ノーマン・ロックウェル カバー画集：「サタデー・イブニング・ポスト」誌の時代』玄光社（2020）。

事件 10

- 富山県立近代美術館（編）『'86 富山の美術』富山県立近代美術館（1986）。
- 奥野武範『常設展へ行こう！』左右社（2023）267-273 頁。

事件 11

- 岡本有佳、岩崎貞明、李春熙（編）『表現の不自由展からの挑戦　消されたアートと対話する 12 のヒント』梨の木舎（2024）。
- 『表現の不自由展　東京 2022』表現の不自由展・東京実行委員会 2022（2022）。

事件 12

- 筧菜奈子『めくるめく現代アート』フィルムアート社（2016）56-57 頁。
- 布施英利『わかりたい！現代アート』光文社（2017）211-215 頁。

事件 13

- Martin Bailey, *Van Gogh's Finale: Auvers and the Artist's Rise to Fame*, Frances Lincoln（2021）.
- Martin Bailey, Mystery identity of Van Gogh's 'gardener' solved, *The Art Newspaper* blog, 21 September 2018.
  <https://www.theartnewspaper.com/2018/09/21/mystery-identity-of-van-goghs-gardener-solved>

美術関連の参考資料

事件 01

- ハル・フォスター、ロザリンド・E・クラウス、イヴ－アラン・ボワ、ベンジャミン・H・D・ブークロー、デイヴィッド・ジョーンズリット『ART SINCE 1900』東京書籍（2019）471-472 頁、571-572 頁、813 頁。
- 美術出版社編集部（編）『現代美術入門』美術出版社（1986）69 頁、78-81 頁。
- 布施英利『わかりたい！現代アート』光文社（2017）113-117 頁。
- 名古屋市美術館、岩手県立美術館、深谷克典、安井裕雄（編）『フランク・ステラ展』中日新聞社（2003）。

事件 02

- 千葉麻衣子「ピーテル・ファン・ラール（通称バンボッチョ）の風景表現 : その様式の源泉と人的交流」成城美学美術史第 17/18（2012）71-97 頁。
- David A. Levine, The Roman Limekilns of the Bamboccianti, *The Art Bulletin* Vol. 70 issue 4 (1988) 569-589.

事件 03

- 海野弘『二十世紀美術 1900-2010』新曜社（2012）112-113 頁。
- Martin Bailey, Battle over copyright: Even in death, Dali spreads chaos, *The Art Newspaper*, 1 December 1999.
- Georgian Adam, Dali estate resolves bitter dispute with Demart, *The Art Newspaper*, 1 October 2004.

事件 04

- 瀬木慎一『世紀の大画商たち』駸々堂出版（1987）235-246 頁。
- ジャクリーン・ボグラド・ウェルド / 野中邦子（訳）『ペギー　現代美術に恋した“気まぐれ令嬢”』文芸春秋（1990）。
- Francine Prose, *Peggy Guggenheim The Shock of Modern*, Yale University Press (2015).

事件 05

- フィリップ・ブック / 中山ゆかり（訳）『ならず者たちのギャラリー　誰が「名画」をつくりだしたのか ?』フィルムアート社（2018）280-331 頁。
- 海野弘『二十世紀美術 1900-2010』新曜社（2012 年）124-125 頁。
- Martin Bailey, Van Gogh's Tokyo Sunflowers: Was it a Nazi forced sale? And is the painting now worth $250m?, *The Art Newspaper,* 13 January 2023.
  <https://www.theartnewspaper.com/2023/01/13/van-gogh-sunflowers-tokyo-nazi-persecution>

- Jorja Ackers Cirigliana, Let Them Sell Art: Why a Broader Deaccession Policy Today Could Save Museums Tommorow, *Southern California Interdisciplinary Law Journal* Vol. 20 (2011) 365-394.
- Benjamin Sutton, Controversial Statue of Theodore Roosevelt removed from American Museum of Natural History, *The Art Newspaper* 21 January 2022.
- Mike Boehm, Foundations pledge $330 million to prevent sale of Detroit museum art, *Los Angels Times* Jan. 14, 2014
- Randy Kennedy, Grand Bargain' Saves the Detroit Institute of Arts, *The New York Times* Nov. 7, 2014.
- Maureen B. Collins, Pensions or Paintings? The Detroit Institute of Arts from Bankruptcy to Grand Bargain, 24 *U. Miami Bus. L. Rev.* 1 (2015).

Ⅳ　文化財の購入、変更、処分の規制

- 小幡宣和「アメリカにおける歴史的環境保全の法的研究（3・完）」北大法学論集 66（3）（2015 年）312-253 頁（1-60 頁）。
- 中村堅二郎『わかりやすい文化保護制度の解説』ぎょうせい（2007）14-20 頁。
- 横山勝彦（監修）、半田滋男（監修）、「美術検定」実行委員会（編）『新・アートの裏側を知るキーワード』美術出版社（2022）28-29 頁。
- 高田良信『「法隆寺日記」をひらく 廃仏毀釈から 100 年』NHK ブックス（1986）。
- 島田真琴『アート・ロー入門』207-210 頁、270-281 頁。
- 島田真琴『アート・ローの事件簿　美術品取引と権利のドラマ篇』95-202 頁。
- David W. Shapiro, New York's Changing Conceptions of Land Use Law: Penn Central Transportation Co. v. City of New York, 27 *Buff. L. Rev.* 157 (1977).
- Enrico Bonadio, Street Art, Graffiti and Copyright: US Perspective, in Enrico Bonadio (ed), *Cambridge Handbook of Copyright in Street Art and Graffiti*, Cambridge University Press (2019) 105-122.

Obligations to Return Remains to Indigenous Groups, *Indonesian Journal of International & Comparative Law*, 1 (3), 637-688.
- Chris Davies and Kate Galloway, The Story of Seventeen Tasmanians: the Tasmanian Aboriginal Centre and Repatriation from the Natural History Museum, *The Newcastle Law Review* Vol 11 (2009) 143-165.
- Lyndel v. Prott, ed., Return of the Remains of Seventeen Tasmanian Aboriginals, in *Witness to History, A Compendium of Documents and Writings on the Return of Cultural Objects*, UNESCO (2009) 401.
- Lauren Bursey, Colonial-Looted Cultural Objects in England, Santander Art and Cultural Law Review 2/2022 (8) (2022).
- Kathryn G. Speckart, Black Lives Matter and the Push for Colonial-Era Cultural Heritage Restitution, *Catholic University Law Review* 99 (2023).
- Makoto Shimada, Repatriation of Ainu Human Remains Excavated in Graveyards – Possible Solution under the Civil Code of Japan, in *The Asian Yearbook of Human Rights and Humanitarian Law*, Brill (2021) 431-452.
- Joshua Hammer, 'The Great Fake-Art Scam in History' *Vanity Fair*, October 10, 2012. <https://www.vanityfair.com/culture/2012/10/wolfgang-beltracchi-helene-art-scam>

III　美術館・博物館の現代的課題

- 清水久夫『続 博物館学 Q&A』慶友社（2007）49-57 頁。
- 林道郎『交換と展示 : 価値を疑え！』金沢 21 世紀美術館活動記録集（2002）40-58 頁。
- 富山県立近代美術館問題を考える会『公立美術館と天皇表現』桂書房（1994）。
- 岡本有佳、岩崎貞明、李春熙（編）『表現の不自由展からの挑戦　消されたアートと対話する 12 のヒント』梨の木舎（2024）。
- 荒井裕樹『凜として灯る』現代書館（2022）。
- 横山勝彦（監修）、半田滋男（監修）、「美術検定」実行委員会（編）『新・アートの裏側を知るキーワード』美術出版社（2022）130-131 頁。
- 文化審議会著作権分科会法制度小委員会「AI と著作権に関する考え方について」令和 6 年 3 月 15 日。
- 髙部眞規子「著作権侵害訴訟における主張立証と『AI と著作権に関する考え方について』」ジュリスト 1599 号（2024 年 7 月）80-85 頁。
- 島田真琴『アート・ロー入門』210-216 頁、241-245 頁。
- 島田真琴『アート・ローの事件簿　美術品取引と権利のドラマ篇』151-172 頁。
- 島田真琴「美術館によるデジタルアート NFT の取得と管理」アートマネジメント研究 24 号（2024）。
- Emily Gould, The Deaccession Debate in Uncertain Times, *Art Antiquity and Law* Vol. XXVI, Issue 3 (2021) 189-213.
- Sarah Elizabeth Strickland, Museums without Monet Let Art Gogh: Deaccession Proceeds and Court Involvement, *Savannah Law Review* 24 (2019) 24-41.

参考文献

はしがきにかえて

- 博物館法令研究会編著『改正博物館法詳説・Q&A』水曜社（2023）77-94 頁。
- 島田真琴『アート・ロー入門』慶應義塾大学出版会（2021）118-121 頁。

I　美術館・博物館の舞台裏

- ちいさな美術館の学芸員『学芸員しか知らない 美術館が楽しくなる話』産業編集センター（2024）。
- 難波祐子『現代美術キュレーター・ハンドブック』青弓社（2015）104-129 頁。
- 清水久夫『博物館学 Q&A』慶友社（2005）140-144 頁、149-160 頁。
- 清水久夫『続 博物館学 Q&A』慶友社（2007）88-98 頁。
- 甲野正道『改訂新版 現場で使える美術著作権ガイド 2019』美術出版社（2019）76-78 頁、99-109 頁。
- 島田真琴『アート・ロー入門』126-132 頁、144-149 頁、170-177 頁。
- 島田真琴「海外から借り入れた美術品等の差押えを禁止する法律（海外美術品公開促進法）について」慶應法学 20 号（2011）。
- Elena Cooper, Donor Restrictions and Whistler's *Portrait of Lady Eden*: reappraising Whistler v. Eden (1897), *Art Antiquity and Law* Vo. XXVIII, Issue 1 (2023), 69-81.

II　美術館・博物館が直面する倫理的要請とのジレンマ

- 西村秀樹「琉球遺骨返還訴訟が暴く京大の史的暗部」現代の理論 28 号（2021）。
- 北大開示文書研究会（編著）『アイヌの遺骨はコタンの土へ―北大に対する遺骨返還請求と先住権』緑風出版（2016）。
- 市川守弘『アイヌの法的地位と国の不正義―遺骨返還問題と〈アメリカインディアン法〉から考える〈アイヌ先住権〉』寿郎社（2019）。
- 松島泰勝・木村朗（編著）『大学による盗骨―研究利用され続ける琉球人・アイヌ遺骨』耕文社（2019）。
- 高橋雄造『博物館の歴史』法政大学出版（2008）197-204 頁。
- 島田真琴『アート・ロー入門』22-25 頁、39-44 頁、302-314 頁。
- 島田真琴『アート・ローの事件簿　盗品・贋作と「芸術の本質」篇』慶應義塾大学出版会（2023）98-107 頁。
- 島田真琴『アート・ローの事件簿　美術品取引と権利のドラマ篇』慶應義塾大学出版会（2023）116-138 頁。
- Alexander Herman, Museums, Restitution and the New Charities Act, *Art Antiquity and Law* Vo. XXVII, Issue 3 (2022), 193-216.
- Alex Bernick, Buying an Injustice: Indigenous Human Remains in Museums and the Evolving

▼事件 09

- ノーマン・ロックウェル「シャッフルトンの理髪店（Shuffleton's Barbershop）」（1950）
  Lucas Museum of Narrative Art: https://lucasmuseum.org/narrative-art/

▼事件 10

- 大浦信行「遠近を抱えて（Holding Perspective）」（1982-1983）
  Yale University Art Gallery: https://artgallery.yale.edu/collections/objects/160251

▼事件 11

- キム・ソギョン & キム・ウンソン「平和の少女像（Statue of Peace）」（2011）
  MOKAH: https://www.mokah.org/exhibit

▼事件 14

- 「准胝観音立像」（10 世紀）
  奈良国立博物館だより 63 号： https://www.narahaku.go.jp/wodpr_nh9/wp-content/uploads/2023/12/dayori_63.pdf
- 「薬師如来立像（香薬師如来立像模造）」（20 世紀）
  奈良国立博物館： https://www.narahaku.go.jp/collection/1103-0.html

▼コラム 3

- エゴン・シーレ「ロシアの捕虜（Russian War Prisoner）」（1916）
  The Art Institute of Chicago: https://www.artic.edu/artworks/25342/russian-war-prisoner
- エゴン・シーレ「廃墟の町Ⅲ（Dead City III）」（1911）
  Leopold Museum: https://onlinecollection.leopoldmuseum.org/en/object/534-dead-city-iii-city-on-the-blue-river-iii/

▼コラム 11

- レフィック・アナドル「Unsupervised」（2022）
  MoMA: https://www.moma.org/calendar/exhibitions/5535

▼コラム 14

- 「木造千手観音立像」（鎌倉時代）、「木造阿弥陀如来立像」（平安時代）
  熱海山口美術館： https://atamiart.com/collection_04

本書に関連する作品の画像が掲載・引用されている美術館・博物館のウェブサイト（2024年11月現在）

▼事件01

- フランク・ステラ「Her name was Marianne Congreve」(1998)（「セント・ルースにて（シュトレムリ氏）」と同じ Heinrich von Kleist シリーズの作品）

  NSU Art Museum: https://nsuartmuseum.org/wp-content/uploads/2017/11/Frank-Stella-Checklist-New.pdf（FS394）

▼事件02

- ピーテル・ファン・ラール「ローマの石灰窯のある風景」

  Die Pinakotheken: https://www.sammlung.pinakothek.de/en/artwork/wE4KXgExZ5/pieter-van-laer-gen-bamboccio/szene-um-einen-roemischen-kalkofen

▼事件03

- ダリ「犀の形態によるフェイディアスのイリッソス像（Rhinocerontic Figures of Illisus of Phidias）」(1954)

  Gala-Salvador Dali Foundation, The Collection: https://www.salvador-dali.org/en/artwork/the-collection/130/rhinocerontic-figures-of-illisus-of-phidias/rt/Phidias

▼事件05

- ピカソ「馬を引く少年（Boy Leading a Horse）」(1905-1906)

  MoMA: https://www.moma.org/collection/works/79994

- ピカソ「ムーラン・ド・ラ・ギャレット（le Moulin de la Galette）」(1900)

  Guggenhaeim: https://www.guggenheim.org/artwork/3411

- ゴッホ「ひまわり（Sunflowers）」(1888)

  SOMPO 美術館： https://www.sompo-museum.org/collection/gogh/

▼事件06

- パルミジャニーノ「聖家族」(1530-1540)（①）、ニコラス・ブレイキイ「マーキュリーとアポロのアレゴリー」(1750-1755)（②）、マーチン・ジョアン・シュミット「聖母子、聖エリザベスと聖ジョン」(1775-1785)（③）、作者不詳「聖ドロシーと幼児キリスト」(1467-1470)（④）

  The British Museum: ① https://www.britishmuseum.org/collection/image/86436001
  ② https://www.britishmuseum.org/collection/image/42774001
  ③ https://www.britishmuseum.org/collection/image/42773001
  ④ https://www.britishmuseum.org/collection/image/42772001

島田 真琴（しまだ まこと）

弁護士（一橋綜合法律事務所パートナー）。

1979年慶應義塾大学法学部卒業。1981年弁護士登録。1986年ロンドン大学ユニバーシティカレッジ法学部大学院修士課程修了（Master of Law）。ノートンローズ法律事務所、長島大野法律事務所勤務、慶應義塾大学教授等を経て、2022年より現職。2005年から2007年まで新司法試験考査委員。2015年から2016年ロンドンシティ大学ロースクール客員研究員、2018年より同大学名誉客員教授。英国仲裁人協会上級仲裁人（FCIArb）。2022年よりアート仲裁裁判所（CAfA）登録仲裁人。

専門：国際商取引一般、国際訴訟及び国際仲裁、アート法、イギリス法。

著作に、『アート・ロー入門―美術品にかかわる法律の知識』（慶應義塾大学出版会、2021年）、『アート・ローの事件簿―盗品・贋作と「芸術の本質」篇』『アート・ローの事件簿―美術品取引と権利のドラマ篇』（慶應義塾大学出版会、2023年）、『イギリス取引法入門』（慶應義塾大学出版会、2014年）、『The Art Law Review』（共著、Business Research Ltd、2022年）ほか。

美術館・博物館の事件簿

2024年12月20日　初版第1刷発行
2025年 2 月 5 日　初版第2刷発行

著　者――――島田真琴
発行者――――大野友寛
発行所――――慶應義塾大学出版会株式会社
〒108-8346　東京都港区三田2-19-30
TEL〔編集部〕03-3451-0931
〔営業部〕03-3451-3584〈ご注文〉
〔 〃 〕03-3451-6926
FAX〔営業部〕03-3451-3122
振替 00190-8-155497
https://www.keio-up.co.jp/
装　丁――――辻聡
印刷・製本――中央精版印刷株式会社
カバー印刷――株式会社太平印刷社

Printed in Japan ISBN978-4-7664-2999-2